Paris

sd

Goethe, Johann Wolfgang von

Passions du jeune Werther

Partie 2

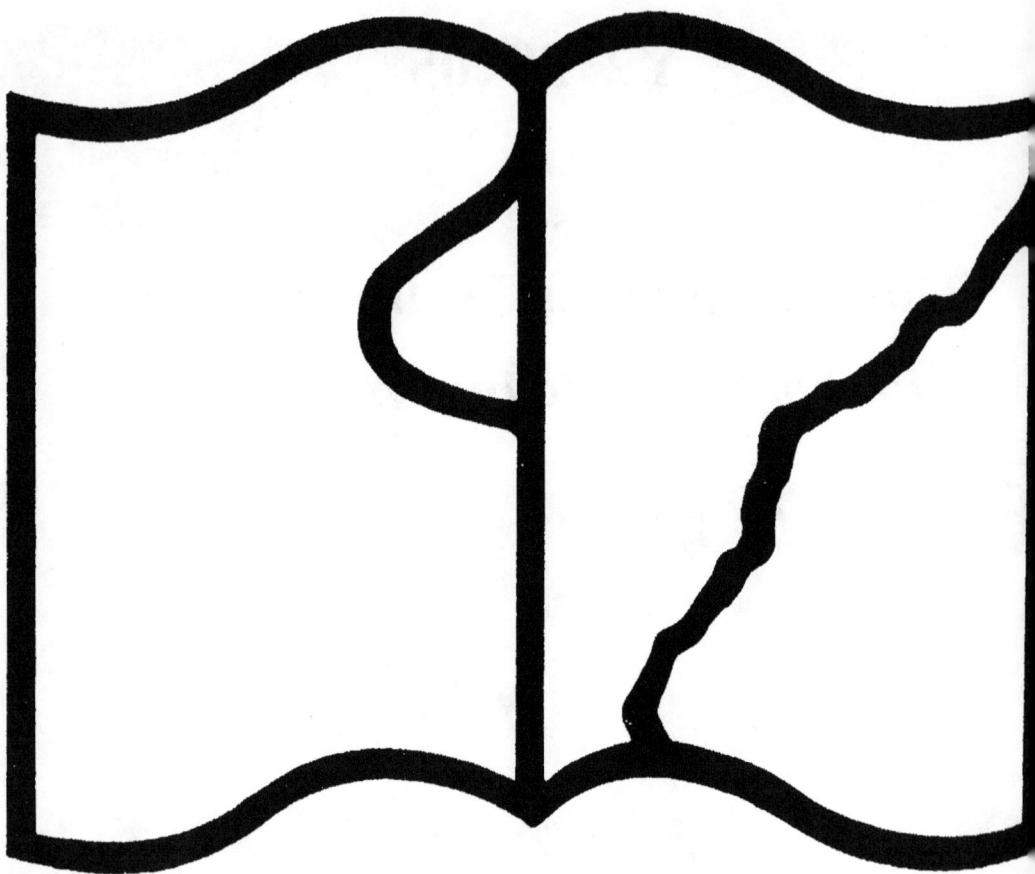

Symbole applicable
pour tout, ou partie
des documents microfilmés

Texte détérioré — reliure défectueuse

NF Z 43-120-11

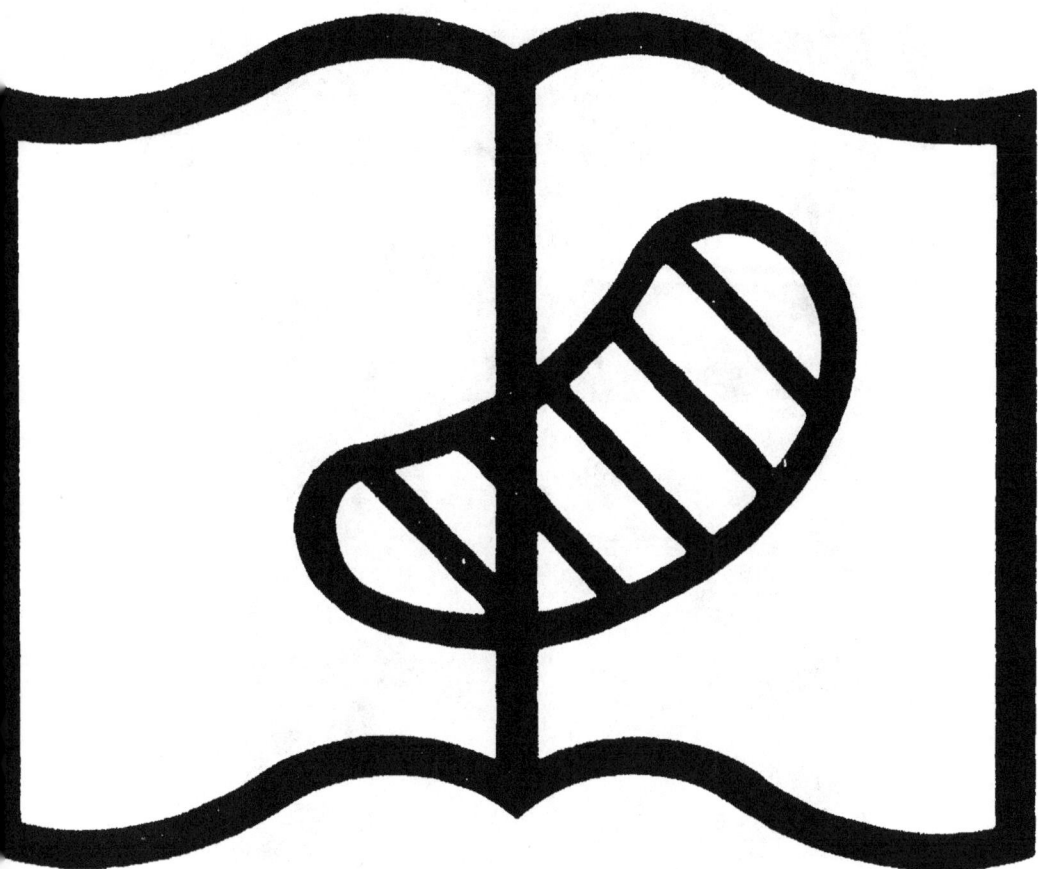

Symbole applicable
pour tout, ou partie
des documents microfilmés

Original illisible

NF Z 43-120-10

PASSIONS

DU

JEUNE WERTHER.

SECONDE PARTIE.

❋

A PARIS.

Chez TIGER I............ire, rue du Petit-
Pont-Saint-J........... de celle de la
Huchette.

Au Pilier litteraire.

●-◆-●-◆-●-◆-●
●-◆-●-◆-●

LES PASSIONS

DU

JEUNE WERTHER.

~~~~~~~~~~~~~~~~~~~~~~~~~~~

LETTRE XXXVII.

Le 18 septembre.

QUELLE nuit ! Guillaume, à présent je puis tout surmonter. Je ne la verrai plus. Oh ? que ne puis-je voler à ton cou, mon bon ami, et t'exprimer avec transport, et en versant un torrent de larmes, tous les sentimens dont mon cœur est assailli. Je suis assis ici la bouche ouverte pour saisir l'air ; je cherche à me tranquilliser ; j'attends le jour, et les chevaux doivent être prêts au lever du soleil.

A 2

Hélas ! elle dort d'un sommeil tranquille, et ne pense pas qu'elle ne me
verra jamais. Je m'en suis arraché ; et
pendant un entretien de deux heures,
j'ai eu assez de force pour n'avoir point
trahi mon projet. Et, Dieu, quel entretien !

Albert m'avoit promis de se trouver
au jardin avec Lolotte, aussitôt après
le souper. J'étois debout sur la terrasse
au milieu des hauts maronniers, et je
regardois le soleil, que je voyois pour
la dernière fois se coucher au-delà de
l'riante vallée et du fleuve qui cou-
loit tranquillement. Je m'y étois si souvent trouvé avec elle ; nous avions tant
de fois contemplé ensemble ce magnifique spectacle, et..... J'allois et venois dans cette allée que j'aimois tant !
Un attrait sympathique et secret m'y
avoit si souvent retenu, avant même que
je connusse Lolotte ! Et quel plaisir,
lorsqu'au commencement de notre liaison, nous nous découvrîmes réciproquement notre inclination pour ce ré-
duit, qui est vraiment une des produc-
tions de l'art la plus enchantée que j'aie
jamais vue.

Vous découvrez d'abord à travers les
maronniers la vaste perspective... Ah !

je m'en souviens ; je t'en ai, je pense, déjà beaucoup écrit, comme des hêtres élevés forment une allée qui s'obscurcit insensiblement à mesure qu'on approche d'un bosquet où elle aboutit, jusqu'à ce que le tout se termine à une petite enceinte, où l'on éprouve tout le sentiment de la solitude. Je sens encore l'espéce de saisissement que je sentis, lorsque, le soleil étant au plus haut de son cours, j'y entrai pour la première fois. J'eus un pressentiment vague et confus de la félicité et de la douleur dont ce lieu devoit être pour moi le théâtre.

Il y avoit une demi-heure que je m'entretenois de ces douces et cruelles pensées des adieux, du revoir; lorsque je les entendis monter sur la terrasse, je courus au devant d'eux, je lui pris la main avec un saisissement, et je la baisai. Nous étions en haut, lorsque la lune parut derrière les buissons qui couvrent les collines. Nous parlions de diverses choses, et nous approchions insensiblement du cabinet obscur. Lolotte y entra et s'assit; Albert se plaça auprès d'elle, et moi aussi; mais mon inquiétude ne me permit pas de rester long-tems en place; je me levai, j'allai devant elle, fit quelques tours, et me r'assis; j'étois

A 3

dans un état violent. Elle nous 'fit re-
marquer le bel effet de la lune, qui, au
bout des hêtres, éclairoit toute la terrasse : coup-d'œil superbe, et d'autant
plus piquant, que nous étions environ-
nés d'une obscurité profonde. Nous gar-
dâmes quelque-tems le silence, elle le
rompit par ces mots : « jamais, non, jamais je ne me promène au clair de la
lune, que je ne me rappelle mes parens
qui sont décédés, que je ne sois frappée
du sentiment de la mort, et de l'avenir.
Nous serons « continua t-elle d'une voix
qui exprimoit la plus vive sensation : »
mais Werther, nous retrouverons-nous?
nous reconnoîtrons-nous? Qu'en pensez-
vous? — « Que dites-vous Lotte? » lui
dis-je en lui tendant la main, et sentant
mes larmes prêtes à couler, « nous nous
reverrons! En cette vie et en l'autre,
nous nous reverrons !.... » Je ne pus en
dire davantage... Guillaume, falloit-il
qu'elle me fit une semblable question,
dans le tems que j'avois le cœur plein de
cette séparation cruelle.

« Ces chers amis que nous avons per-
dus, » continua-t-elle, « savent-ils
quelque chose de nous? ont-ils le sentiment du plaisir que nous éprouvons,
lorsque, pénétrés d'amour pour eux,

nous nous rappelons leur mémoire? Hélas! l'image de ma mère est toujours présente à mes yeux, lorsque le soir je suis assise tranquillement au milieu de ses enfans, au milieu de mes enfans, et qu'ils sont assemblés autour de moi, comme ils l'étoient autour d'elle. Lorsque je lève vers le ciel mes yeux mouillés de larmes du desir, et que je souhaiterois qu'elle pût de là regarder un instant comme je lui tiens la parole que je lui donnai à sa dernière heure, d'être la mère de ses enfans; je m'écrie cent et cent fois : Pardonne, chère mère, si je ne suis pas pour eux ce que tu fus toi-même. Hélas! je fais tout ce que je puis : ils sont vêtus, nourris, et, ce qui est au-dessus de tout cela, ils sont choyés, chéris. Ame chère et bien-heureuse, que ne peux-tu voir notre union! Tu rendrois les plus vives actions de graces à ce Dieu à qui tu demandas, en versant des larmes les plus amères, le bien-être de tes enfans. » Elle dit cela! O Guillaume! qui peut répéter ce qu'elle dit? Comment des caractères froids et inanimés pourroient-ils rendre ces traits célestes, ces fleurs de l'esprit? Albert l'interrompit avec douceur : « Cela vous

A 4

affecte trop, chère Lolotte ; je vois que
votre ame est fort attachée à ces idées :
mais je vous prie... O Albert! interrom-
pit-elle, je sais que tu n'as pas oublié ces
soirées où nous étions assis ensemble
autour de la petite table ronde, lorsque le papa étoit en campagne; et que
nous avions envoyé coucher les enfans.
Tu avois souvent un bon livre ; mais
rarement t'arrivoit-il de nous en lire
quelque chose : l'entretien de cette belle
ame n'étoit-il pas préférable à tout ?
Quelle femme ! belle, douce, vive et
toujours occupée! Dieu connoît les larmes que je versois souvent dans mon
lit, en m'humiliant devant lui, et le
priant de me rendre semblable à elle.

« Lolotte, » m'écriai-je, en me jetant
à ses pieds, et lui prenant la main,
que je baignai de mes larmes, « Lolotte,
la bénédiction du ciel repose sur toi,
ainsi que l'esprit de ta mère. — Si vous
l'aviez connue ! » me dit-elle en me
serrant la main. » Elle étoit digne d'être
connue de vous. » —Je crus que j'allois
m'anéantir ; jamais mot plus grand,
plus glorieux n'a été prononcé sur mon
compte. Elle poursuivit : Et cette femme
a vu la mort l'enlever à la fleur de son
âge, lorsque le dernier de ses fils n'a-

voit pas encore six mois. Sa maladie ne
fut pas longue ; elle étoit calme, rési-
gnée ; ses enfans seuls lui faisoient de
la peine, et sur-tout le petit. Lorsqu'elle tiroit à la fin, elle me dit :
Amène-les-moi. Je les conduisis dans
sa chambre : les plus jeunes ne con-
noissoient pas encore la perte qu'ils
alloient faire, les autres étoient privés
de tout sentiment. Je les vois encore
autour de son lit ; comme elle leva les
mains et pria sur eux ! comme elle les
baisa les uns après les autres, les ren-
voya, et me dit : sois leur mère ! Je le
lui promis. Tu me promets beaucoup,
ma fille, me dit-elle, le cœur d'une
mère ! l'œil d'une mère ! Tu en sens
toute l'excellence, et les larmes de la
reconnoissance que je t'ai vu verser tant
de fois, m'en assurent. Aie l'un et
l'autre pour tes frères et tes sœurs ; et
pour ton père la foi et l'obéissance d'une
épouse. Tu seras sa consolation. Elle le
demanda ; il étoit sorti pour nous cacher
la douleur insupportable qu'il sentoit ;
le pauvre homme étoit déchiré !

« Albert ? tu étois dans la chambre ?
Elle entendit quelqu'un marcher, elle
demanda qui c'étoit, et te fit approcher.
Comme elle nous fixa l'un et l'autre,

A 5

dans la consolante pensée que nous
serions heureux, heureux ensemble ! »
Albert se jeta à son cou, et l'embrassa
en s'écriant : « Nous le sommes ! nous
le serons ! » Le phlegmatique Albert
étoit tout hors de lui, et je ne me
connoissois plus.

« Werther, reprit-elle, » cette
femme n'est plus ! Dieu ! quand je pense
comme on se laisse enlever ce qu'on
a de plus cher dans la vie ! Et personne
ne le sent aussi vivement que les enfans,
qui long-tems encore après se plaignoient,
que les hommes noirs avoient emporté
maman. »

Elle se leva ; je me sentois ému,
troublé ; je restois assis, et tenois sa
main. « Il faut rentrer, « dit-elle, il
est tems. « Elle vouloit retirer sa main ;
je la retins avec plus de force ; « Nous
» nous reverrons ! m'écriai-je, nous
» nous trouverons ; sous quelque forme
que ce puisse être, nous nous recon-
noîtrons. Je vous laisse continuai-je,
je vous laisse volontiers ; mais si
je croyois que ce fût pour jamais, je
ne pourrois supporter cette idée. Adieu,
Lolotte ; adieu, Albert. Nous nous reverrons. — Demain, je pense, dit-elle
en plaisantant. » Je sentis ce demain !
Hélas elle ne savoit pas, lorsqu'elle

retiroit sa main de la mienne..... Ils
descendirent l'allée ; je me levai, les
suivis de l'œil au claire de la lune, me
jettai à terre , et achevai de laisser
couler mes larmes. Je me relevai , je
courus sur la terrasse ; je regardois en
bas , et je vis encore vers la porte du
jardin sa robe blanche briller dans
l'ombre des hauts tilleuls ; j'étendis les
bras et elle disparut.

LETTRE XXXVIII.

Le 20 octobre.

Nous arrivâmes hier. L'ambassadeur
est indisposé , ensorte qu'il s'arrêtera
ici quelques jours ; s'il étoit seulement
plus liant , tout iroit bien. Je le vois,
le sort m'a préparé de rudes épreuves !
Mais courage ! un esprit facile supporte
tout ! Je ris de voir ce mot venir au
bout de ma plume. Hélas ! un peu plus
de légèreté dans mon sang me rendroit
l'homme le plus heureux de la terre.
Quoi ! là où d'autres avec très-peu de
force et de savoir , se pavanent devant

A 6

moi pleins d'une douce complaisance
pour eux-mêmes, je désespère de mes
forces et de mes talens! Dieu, de qui
je tiens tous ces dons, que n'en as-tu
retenu une partie, pour me donner en
place la confiance et le contentement de
moi-même!

Patience, patience, cela ira mieux;
car je te le dis, mon ami, tu as raison;
depuis que je suis tous les jours poussé
dans la foule, et que je vois ce que
sont les autres, et de quelle manière ils
se conduisent, je suis plus content de
moi-même. Certes, puisque nous sommes ainsi faits, que nous comparons
tout à nous-mêmes, et nous-mêmes à
tout, il suit de-là que le bonheur ou
la misère gît dans les objets auxquels
nous nous lions, et dès-lors il n'y a
rien de plus dangereux que la solitude.
Notre imagination, portée de sa nature à s'élever, et nourrie des images
fantastiques de la poésie, se crée un
ordre d'êtres, dont nous sommes au
plus bas; tout ce qui est hors de nous,
nous semble magnifique; tout autre nous
paroît plus parfait que nous-mêmes. Et
cela est tout naturel : nous sentons si
souvent qu'il nous manque tant de choses? Et ce qui nous manque, souvent

un autre semble le posséder ! nous lui
donnons alors tout ce que nous avons
nous-mêmes , et par-dessus tout cela ,
un certain stoïcisme idéal. Ainsi cet
heureux est parfaitement accompli , il
est notre propre ouvrage. Au contraire ,
lorsqu'avec toute notre foiblesse et notre
assiduité nous continuons notre travail
sans nous distraire , nous remarquons
souvent que nous allons plus loin en
louvoyant , que d'autres en faisant force
de voiles et de rames. Et... c'est pourtant avoir un vrai sentiment de soi-
même , que de marcher l'égal des autres , ou même de les devancer.

~~~~~~~~~~~~~~~~~~~~~~~~~~~~

LETTRE XXXIX.

Le 10 novembre.

Je commence à me trouver assez bien
ici à certains égards : le meilleur, c'est
que l'ouvrage ne manque pas, et que
ce grand nombre de personnes et de
nouveaux visages de toute espèce ,
offre à mon ame un spectacl bigarré.
J'ai fait la connoissance du comte de C....

pour qui je sens croître mon respect
de jour en jour. C'est un homme d'un
vaste génie, et qui n'est pas froid, puisqu'il embrasse un grand nombre d'objets d'un coup-d'œil. Son commerce me
fait voir combien il est sensible à l'amitié et à l'amour. Il s'intéressa à moi
lorsque, m'acquittant d'une commission
dont j'étois chargé auprès de lui, il remarqua dès les premiers mots, que nous
nous entendions, et qu'il pouvoit parler
avec moi, comme il n'auroit pas fait
avec tout le monde. Aussi je ne puis
assez me louer de la manière ouverte
dont il en use avec moi. Il n'y a pas
de joie plus vraie, plus sensible dans
le monde, que de voir une grande ame
qui s'ouvre devant vous.

~~~~~~~~~~~~~~~~~~~~~~~~

LETTRE XL.

Le 24 octobre.

L'AMBASSADEUR me chagrine beaucoup; je l'avois prévu. C'est le sot le
plus pointilleux qu'on puisse voir. Pas
à pas et minutieux comme une tante,

c'est un homme qui n'est jamais content de lui même , et que par conséquent personne ne sauroit satisfaire. Je travaille assez couramment, et je ne retouche pas volontiers ce qui est une fois écrit. Aussi il sera homme à me remettre un mémoire, et à me dire : « Il est bien ; mais revoyez-le, on trouve » toujours un meilleur mot, une par- » ticule plus propre. » Alors je me donnerois au diable de bon cœur. Pas un *et*, pas la moindre conjonction ne peut être omise, et il est ennemi déclaré de toute inversion qui m'échappe quelquefois. Si une période ne ronfle pas, et n'est pas cadencée selon l'usage, il n'y entend rien. C'est un martyre que d'avoir affaire à un homme comme celui-là.

La confiance du comte de C.... est la seule chose qui me dédommage. Il n'y a pas long-tems qu'il me dit franchement combien il étoit mécontent de la lenteur et de la scrupuleuse circonspection de mon ambassadeur. Ces gens-là sont insupportables à eux mêmes et aux autres. « Et cependant, » dit-il, « il faut prendre son parti, comme un voyageur qui est obligé de passer sur une montagne. Sans doute si la montagne n'étoit pas là, le chemin seroit bien plus

facile et plus court ; mais elle y est, et
il faut passer !.....

Mon vieux s'apperçoit bien de la pré-
férence que le comte me donne sur lui,
ce qui l'aigrit encore ; et il saisit toutes
les occasions de parler mal du comte
devant moi. Je prends, comme de raison, son parti, et les choses n'en vont
que plus mal. Hier il me mit tout à-fait
hors des gonds ; car il tiroit en même-
tems sur moi. « Le comte, » dit-il, « connoît assez bien les affaires du monde ;
il a de la facilité pour le travail, il écrit
fort bien ; mais, quant à la profonde
érudition, il lui manque ce qui manque
à tous les littérateurs ». Je l'aurois de
bon cœur battu, car il n'y a pas autre
chose à dire à ces gens-là ; mais comme
cela n'étoit pas possible, je lui répondis
avec assez de vivacité, que le comte
étoit un homme qui méritoit d'être con-
sidéré, tant du côté de son caractère,
que de ses connoissances. » Je ne sache
personne, » dis-je, « qui ait mieux
réussi que lui à entendre la sphère de
son esprit, à l'appliquer à un nombre
infini d'objets, et à conserver en même-
tems toute l'activité requise pour la vie
ordinaire ». Tout cela n'étoit pour lui
que des châteaux en Espagne. Je lui tis...

ma révérence , pour ne pas m'aigrir
davantage.

Et c'est à vous que je dois m'en prendre, à vous qui m'avez fourré là , à vous
qui m'avez tant prôné l'activité. Activité! Je veux , si celui qui plante des
pommes de terre , et va vendre son grain
à la ville , ne sait pas plus que moi , je
veux me harasser encore pendant dix
ans sur cette galère où je suis enchaîné !

Et cette brillante misère, cet ennui
qui règne parmi ce peuple maussade
qui se voit ici! cette manie de rangs ,
qui fait qu'ils se surveillent et s'épient
les uns les autres, pour tâcher de se
devancer d'un pas; passions malheu-
reuses et pitoyables , qui ne sont pas
même masquées !.... Par exemple , il y
a ici une femme qui entretient tout le
monde de sa noblesse et de sa terre; ensorte qu'il n'y a pas un étranger qui ne
doive dire en lui-même: « Voilà une
sotte qui se figure des merveilles de son
peu de noblesse et de la renommée de
son pays... ». Mais ce n'est que là le pire;
cette même femme n'est pas la fille d'un
secrétaire du baillage des environs. Vois-
tu, je ne puis concevoir le genre hu-
main , qui a assez peu de bon-sens pour
se prostituer aussi platement.

Je remarque chaque jour, de plus en
plus, combien l'on est fort de se mesu-
rer sur les autres; et parce que j'ai tant
à faire avec moi-même, et parce que
mon cœur, mon imagination sont si
orageux.... Hélas! je laisse bien volontiers chacun aller son chemin, s'il vouloit me laisser aller de même.

Ce qui me vexe le plus, ce sont ces
gradations désagréables parmi les bourgeois. Je sais aussi bien qu'un autre comme la distinction des états est nécessaire,
combien d'avantages elle me procure à
moi-même : mais je ne voudrois pas
qu'elle me barrât le chemin qui peut
me conduire à quelque plaisir, et me
faire jouir d'une lueur de félicité. Je fis
dernièrement connoissance à la promenade, d'une demoiselle de B... aimable
créature, qui, au milieu des airs empe-
sés de ceux avec qui elle vit, a conservé
beaucoup de naturel. Nous nous plûmes
dans notre conversation: et, lorsque nous
nous séparâmes, je lui demandai la
permission de la voir chez elle. Elle me
l'accorda avec tant de franchise, que
je pouvois à peine attendre l'heure con-
venable pour l'aller voir. Elle n'est point
ici, et elle demeure chez une tante. La
physionomie de la vieille tante ne me

plut point: je témoignai beaucoup d'é-
gards, je lui adressois presque toujours
la parole, et en moins d'une demi-heure
j'eus deviné ce que la nièce m'a avoué
par la suite, que sa chère tante, à son
âge, depuis une fortune aisé, jusqu'à
l'esprit, n'a d'autre soutien que le rang
de ses ancêtres, aucun rempart que l'état
dans lequel elle s'est retranché, et
d'autre récréation que de regarder fière-
ment les bourgeois de son premier étage.
Elle doit avoir été belle dans sa jeunesse.
Elle a passé sa vie à des bagatelles, a
fait d'abord le tourment de plusieurs
jeunes gens par ses caprices; et dans
un âge plus mûr, elle a baissé humble-
ment la tête sous le joug d'un vieux of-
ficier, qui, à ce prix, et au moyen d'un
revenu honnête, passa avec elle le siècle d'airain, et mourut; maintenant elle
se voit seule au siècle de fer, et ne
seroit pas même regardée, si sa nièce
n'étoit pas aussi aimable qu'elle l'est.

~~~~~~~~~~~~~~~~~~~~

LETTRE XLI.

Le 8 Janvier.

QUELS hommes que ceux dont l'âme
toute entière repose sur le cérémonial ;
qui passent toute l'année à imaginer, à
controuver les moyens de pouvoir se
glisser à table à une place plus haute
d'un siège ! Ce n'est pas qu'ils manquent
d'ailleur d'occupation ; tout au contraire, l'ouvrage se multiplie, parce que
ces petites mortifications les empê-
chent de terminer les affaires d'impor-
tance. C'est ce qui arriva la semaine
dernière à la promenade des traîneaux ;
toute la fête fut troublée.

Les insensés, qui ne voyent pas que
la place ne fait proprement rien, et que
celui qui a la première, joue si rarement le premier rôle ! Combien de rois
qui sont conduits par leurs ministres,
et combien de ministres qui sont guidés
par leurs secrétaires ! Et qui donc est
le premier ? C'est celui-là, je pense,
qui a plus de lumières que les autres,

et assez de pouvoir ou d'adresse pour faire servir leurs forces et leurs passions à l'exécution de ses plans.

~~~~~~~~~~~~~~~~~~~~~~~~~~~~~

LETTRE XLII.

Le 20 janvier.

Il faut que je vous écrive, ma chère Lolotte, ici dans une chambre d'une auberge rustique, où je me suis réfugié contre un orage terrible. Tant que j'ai été dans ce triste repaire D..... au milieu de gens étrangers, oui, très-étrangers à mon cœur, je n'ai trouvé aucun instant, aucun où ce cœur m'eût ordonné de vous écrire. Mais à peine dans cette cabane, dans cette étroite solitude, où la neige et la grêle se déchaînent contre ma petite fenêtre, vous avez été ma première pensée. Dès que j'y suis entré, l'idée de votre personne, ô Lolotte ! cette idée si saine, si vive, s'est d'abord présentée à moi. Grand Dieu ! voilà le premier retour d'un heureux moment !

Si vous me voyez, ma chère, au

milieu du torrent des distractions!
comme tous mes sens deviennent ari-
des? pas un instant de l'abondance du
cœur, pas une heure à donner à ces
larmes si délicieuses. Rien! rien! Je me
tiens debout comme devant une curio-
sité; je vois de petits hommes et de petits chevaux passer et repasser devant
moi; et je me demande souvent si ce
n'est point une illusion d'optique. Je
joue avec les autres, ou plutôt on me
fait jouer comme une morionnelle, et
souvent je prends mon voisin par sa
main de bois, et je me retire avec
horreur.

Je n'ai trouvé ici qu'une seule créature féminine, Mlle de B.... Elle vous
ressemble, chère Lolotte, si l'on peut
vous ressembler. « Oh! » dites-vous,
il se mêle de faire des complimens!
« Cela n'est pas tout-à-fait faux. Depuis
quelques-tems, je suis fort gentil, parce
que je ne puis pas encore être autre
chose; j'ai beaucoup d'esprit, et les
femmes disent que personne ne sauroit
louer plus joliment que moi. (Ni mentir,
ajoutez-vous, car l'un ne va pas sans
l'autre.) Je voulois vous parler de Mlle.
B... Elle a beaucoup d'ame, et cette
ame perce toute entière à travers ses

yeux bleus. Son état lui est à charge,
parce qu'il ne contente aucun des désirs
de son cœur. Elle aspire à se voir hors
du tumulte ; et nous passons quelquefois des heures entières à nous figurer
un bonheur sans mélanges dans ces
scènes champêtres. Vous n'y êtes point
oubliée. Ah ! combien de fois n'est-elle
pas obligée de vous rendre hommage !
Que dis-je, obligée! elle le fait volontiers ; elle a tant de plaisir à entendre
parler de vous ! elle vous aime.

Oh ! que ne suis-je assis à vos pieds
dans cette chambre si agréable, tandis
que nos petits amis tourneroient autour
de moi ! Quand vous trouveriez qu'ils
feroient trop de bruit, je les rassemble-
rois tranquilles auprès de moi en leur
contant quelque effrayant conte de ma
mère l'oie. Le soleil se couche majestueu-
sement, et quitte cette contrée toute
brillante de neige. La tempête s'est
appaisée. Et moi... Il faut que je rentre
dans ma cage. Adieu! Albert est-il auprès de vous ? Et comment ? Dieu me
pardonne cette question.

~~~~~~~~~~~~~~~~~~~~~~~~

LETTRE XLIII.

Le 17 février.

Je crains bien que l'ambassadeur et
moi , nous ne soyons pas long-tems d'in-
telligence ! cet homme est absolument
insupportable ; sa manière de travailler
et de conduire les affaires est si ridicule,
que je ne puis m'empêcher de le contra-
rier, et de faire souvent à ma tête et à
ma manière , des choses que naturelle-
ment il ne trouve jamais bien. Il s'en
est plaint dernièrement à la Cour, et le
ministre m'a fait une réprimande, douce
à la vérité , mais enfin c'étoit une réprimande ; et j'étois sur le point de demander mon congé, lorsque j'ai reçu une
lettre particulière de lui, une lettre devant laquelle je me suis mis à genoux,
pour adorer le sentiment élevé, noble et
sage avec lequel il rectifie ma sensibilité
excessive ; et tout en louant mes idées
outrées de l'activité, de l'influence sur
les autres , de la pénétration dans les
affaires, comme derivant d'un courage
qui

qui convient à un jeune homme, il tâche
pourtant, non de les détruire tout-à-fait
mais de les modérer, et de les diriger
vers le point où elles peuvent avoir leur
vrai jeu, et opérer leurs effets. Aussi me
voilà encouragé pour huit jours, et ré-
concilié avec moi-même. Le repos de
l'ame est une superbe chose, mon ami,
et la joie même, si cette chose n'étoit
pas aussi fragile, qu'elle est belle et
précieuse !

LETTRE XLIV.

Le 20 février.

Que Dieu vous bénisse, mes chers
amis, et vous donne tous les bons jours
qu'il m'enlève.

Je te remercie, Albert, de m'avoir
trompé ; j'attendois l'avis qui devoit
m'apprendre le jour de votre mariage ;
et je m'étois promis de détacher ce même
jour, avec solemnité, le portrait de Lolotte de la muraille, et de l'enterrer
parmi d'autres papiers. Vous voilà unis,
et son portrait est encore ici ! Il y res-

Werther. I I. B

tera ! Et pourquoi non ? Je sais que je
suis aussi chez vous ; je suis, sans te
faire de tort, dans le cœur de Lolotte.
J'y tiens, oui, j'y tiens la seconde place
après toi, et je veux, je dois la conserver. Oh! je serois furieux, si elle pouvoit oublier !... Albert, l'enfer est dans
cette idée. Albert! Adieu, adieu, ange
du ciel, adieu, Lolotte !

LETTRE XLV.

Le 15 mars.

J'AI essuyé une mortification qui me
chassera d'ici ; je grince les dents! Diable ! c'est une chose faite, et c'est encore
à vous que je dois m'en prendre, à vous
qui m'avez aiguillonné, instigué, tour-
menté pour me faire entrer dans un
poste qui ne cadroit point avec ma façon
de penser. J'y suis, vous en êtes venu à
bout. Et afin que tu ne dises pas encore
que mes idées outrées gâtent tout, je
vais, mon cher t'exposer le fait, avec
toute la précision d'un chroniqueur.

Le comte de C... m'aime, me distin-

gue, on le sait ; je te l'ai dit cent fois. Je
restai à dîner chez lui, hier, jour où
une société de personnes de qualité des
deux sexes s'assemble le soir chez lui,
société à laquelle je n'ai jamais pensé;
et d'ailleurs il ne m'étoit jamais venu
dans l'esprit que nous autres subalternes
nous ne sommes pas là à notre place.
Bon. Je dîne chez le comte, et après le
dîner, nous allons et venons dans la
grande-salle; je cause avec lui et le co-
lonel B... qui survient, et insensiblement
l'heure de l'assemblée arrive : Dieu sait
si je pense à rien. Alors entre très-gra-
cieuse dame de S... avec M. son mari,
et leur oison de fille avec sa gorge plate,
et son corps effilé et tiré au cordeau; ils
me font en passant la petite grimace
usitée des grands seigneurs. Comme je
déteste cordialement cette race, je voulois tirer ma révérence, et j'attendois
seulement que le comte fût délivré de
leur babil maussade, lorsque Mlle. B...
entra aussi ; et, comme je sens toujours
mon cœur s'épanouir un peu quand je la
vois, je demeurai, me plaçai derrière sa
chaise, et ne m'apperçus qu'au bout de
quelque tems qu'elle me parloit d'un ton
moins ouvert que de coutume, et avec
une sorte de contrainte. J'en fus surpris.

B 2

» Est - elle aussi comme tout ce monde-
là, » dis-je en moi-même ? Que le diable
l'emporte ! J'étois piqué ; je voulois me
retirer , et cependant je restai , curieux
de m'en éclaircir davantage. Cependant
la société se remplit. Le baron F... couvert de toute la garde-robe du tems du
couronnement de François premier ; le
conseiller R... qualifié ici de monseigneur de R... avec sa femme qui est
sourde, etc. sans oublier le ridicule J...
sur l'habillement de qui l'on voyoit les
restes de l'ancienne mode gothique con-
traster avec la plus nouvelle. Tout cela
vient, et je jase avec quelques personnes de ma connoissance , que je
trouve fort laconiques. Je pensois.... et
je ne faisois attention qu'à B... Je ne
m'appercevois pas que les femmes se
parloient à l'oreille, au bout de la salle,
que cela circuloit parmi les hommes ,
que madame de S... parloit avec le comte
(Mlle. B... m'a dit tout cela depuis,)
jusqu'à ce qu'enfin le comte vint à moi,
et me conduisit vers une fenêtre. « Vous
» connoissez, me dit - il, nos usages
» singuliers ; je remarque que la com-
» pagnie est choquée de vous voir ici ;
» je ne voudrois pas pour tout..... —
» Monseigneur, lui dis-je, en l'inter-

» rompant , je vous demande mille par-
» dons ; j'aurois dû y songer plutôt ;
» j'espère que vous me pardonnerez
» cette inconséquence ; j'avois déjà pen-
» sé à me retirer. Un mauvais génie m'a
» retenu », ajoutai-je en riant, et en
lui faisant ma révérence. Le comte me
serra la main avec un sentiment qui disoit tout. Je saluai la sublime compagnie, sortis, montai dans un cabriolet,
et me rendis à M... pour y voir de dessus la montagne le soleil se coucher, et
lire en même tems ce superbe morceau
d'Homère, où il raconte comme Ulysse
fut hébergé par le digne Porcher. Tout
cela étoit bien.

Je revins le soir au souper. Il n'y avoit
encore que quelques personnes, qui
jouoient aux dez sur un coin de la table :
on avoit écarté un bout de la nappe. Je
vis entrer l'honnête A... Il posa son
chapeau en me regardant, vint à moi,
et me dit tout bas : « Tu as eu du
» chagrin ? —Moi ? — Le comte t'a fait
» entendre qu'il falloit sortir de la com-
» pagnie. — Que le diable l'emporte !
» J'étois bien aise de prendre l'air. —
» Tu fais bien de prendre la chose du
» bon côté ; ce qui me fâche, c'est
» qu'elle est déjà divulguée. » Ce fut

alors que je me sentis piqué. Tout ceux
qui venoient se mettre à table, et qui
me fixoient, je croyois qu'ils pensoient
à mon aventure, ce qui commença à me
mettre de mauvaise humeur.

Et lorsqu'aujourd'hui l'on me plaint
par-tout où je vais, lorsque j'apprends
que tous mes rivaux triomphent, et
disent, qu'on voit par-là ce qui arrive
à ces présomptueux, qui s'éblouissent
de leurs talens, et qui croient pouvoir
se mettre au-dessus de toutes consi-
dérations, et autres sottises sembla-
bles, alors on se donneroit volontiers
d'un couteau dans le cœur. Qu'on dise
ce qu'on voudra de la modération ; je
voudrois voir celui qui peut souffrir
que des gredins glossent sur son compte,
lorsqu'ils ont sur lui quelque prise.
Quand leurs propos sont sans fonde-
ment, ah ! l'on peut alors ne pas s'en
mettre en peine.

~~~~~~~~~~~~~~~~

LETTRE XLVI.

Le 16 mars.

Tout conspire contre moi. J'ai
rencontré aujourd'hui Mlle. B.... dans
l'allée. Je n'ai pu me retenir de lui
parler, et dès que nous nous sommes
trouvés un peu éloignés de la compagnie de lui témoigner combien j'étois
sensible à la conduite extraordinaire
qu'elle avoit tenue l'autre jour avec
moi. O Werther! m'a-t-elle dit d'un
ton pénétré, avez-vous pu, connois-
sant mon cœur interpréter ainsi mon
trouble? Que n'ai-je pas souffert pour
vous, depuis l'instant que j'entrai dans
le sallon! Je prévis tout; cent fois j'eus
la bouche ouverte pour vous le dire. Je
savois que la de S.... et la de T.... rom-
proient plutôt avec leurs maris que
de rester en compagnie avec vous; je
savois que le comte n'ose pas se brouil-
ler avec elles; et puis tout ce train!
« Comment mademoiselle, lui ai-je dit,
en cachant ma frayeur; car tout ce

qu'Adelin m'avoit dit avant-hier me
couroit dans ce moment par toutes
les veines comme une eau bouillante :
« Combien cela m'a déjà coûté, a dit
cette douce créature, les larmes aux
yeux ! Je n'étois plus maître de moi-
même, et j'étois sur le point de me
jetter à ses pieds. « Expliquez-vous, »
me suis-je écrié. Ses larmes ont coulé
le long de ses joues ; j'étois hors de
moi. Elle les a essuyées sans vouloir les
cacher. « Ma tante, vous la connoissez, a-t-elle dit, elle étoit présente,
et elle a vu, ah ! avec quels yeux elle
a vu cette scène ! Werther, j'ai essuyé
hier au soir, et ce matin, un sermon
sur ma liaison avec vous, et il m'a fallu
vous entendre ravaler, humilier, sans
pouvoir, sans oser vous défendre qu'à
demi. »

Chaque mot qu'elle prononçoit étoit
un coup de poignard pour mon cœur.
Elle ne sentoit pas quelle acte de com-
pation c'eût été de me taire tout cela.
Elle ajoutoit de plus tout ce qu'on en
disoit encore, et qu'elle triomphe ce
seroit pour les gens les plus dignes de
mépris. Comme on chanteroit par-tout
que mon orgueil, et le peu de cas que
je faisois des autres, et qu'ils me re-

prochoient depuis long-tems, étoient
enfin punis et abaissés.

Entendre tout cela de sa bouche,
Guillaume, prononcé d'une voix si
compâtissante! J'étois attéré, et j'en
ai encore la rage dans le cœur. Je
voudrois que quelqu'un s'avisât de m'en
parler, pour que je pusse lui passer
mon épée au travers du corps : Si je
voyois du sang, je serois plus tranquille.
Hélas ! j'ai déjà cent fois saisi un couteau pour faire cesser l'oppression de
mon cœur. L'on parle d'une noble race
de chevaux, qui, quand ils sont
échauffés et surmenés, s'ouvrent eux-
mêmes par instinct, une veine, pour
se faciliter la respiration. Je me trouve
souvent dans le même cas ; je voudrois
m'ouvrir une veine qui me procurât la
liberté éternelle.

~~~~~~~~~~~~~~~~~~~~~~

LETTRE XLVII.

Le 24 mars.

J'AI demandé ma démission à la cour,
et j'espère que je l'obtiendrai ; et vous
me pardonnerez si je ne vous ai pas
préalablement demandé votre permis-

sion. Tôt ou tard il falloit que je partisse ; et je sais tout ce que vous auriez
pu dire pour me persuader de rester ;
ainsi..... tâche de faire avaler cette
pilulle à ma mère. Je ne saurois m'aider
moi-même ; elle ne doit donc pas mur-
murer si je ne puis l'aider. Cela doit
sans doute lui faire de la peine : voir
son fils s'arrêter tout-à-coup dans la
carrière brillante qui le conduisoit droit
aux grades de conseiller d'état et d'ambassadeur, et retourner honteusement
sur ses pas. Faites tout ce que vous
voudrez, combinez tous les cas possi-
bles où j'aurois dû rester ; il suffit que
je m'en vais. Et afin que vous sachiez
où, il y a ici le prince.... qui se plaît
beaucoup à ma société ; dès qu'il a eu
entendu parler de mon dessein, il m'a
prié de l'accompagner dans ses terres,
et d'y passer la belle saison du printems. J'aurai liberté entière de disposer
de moi ; il me l'a promis ; et comme
nous nous entendons ensemble jusqu'à
un certain point, je veux en courir les
risques, et partir avec lui.

~~~~~~~~~~~~~~~~~~

APOSTILLE.

Du 29 avril.

Je te remercie de tes deux lettres. Je n'y ai point fait de réponse, parce que j'ai différé d'envoyer celle-ci jusqu'à ce que j'eusse obtenu mon congé de la cour, dans la crainte que ma mère ne s'adressât au ministre, et ne me contrecarrât dans mon projet. Mais c'est une affaire faite ; le congé est arrivé. Il est inutile de vous dire avec quelle répugnance on me l'a donné, et ce que m'écrivit le ministre : vous recommenceriez de nouvelles doléances. Le prince héréditaire m'a donné une gratification de vingt-cinq ducats, qu'il a accompagnés d'un mot dont j'ai été touché jusqu'aux larmes : ainsi il est inutile que ma mère m'envoie l'argent que je lui demandois dans ma dernière.

~~~~~~~~~~~~~~~~~~~~~~~~~~~~

LETTRE XLVIII.

Le 15 mai.

Je pars demain d'ici ; et comme le
lieu de ma naissance n'est éloigné de
ma route que de six milles , je veux le
revoir , m'y rappeler ces anciens jours
de bonheur , ces jours qui ne sont
qu'une suite continuelle de songes. Je
veux même y entrer par cette porte
par laquelle ma mère sortit avec moi
en voiture , lorsqu'après la mort de
mon père , elle quitta ce lieu solitaire ,
ce séjour tranquille , pour se renfermer
dans son insupportable ville. Adieu ,
Guillaume , tu entendras parler de ma
caravane.

~~~~~~~~~~~~~~~~~~~~~~~~~~~~

LETTRE XLIX.

Le 16 mai.

J'ai fait mon pélerinage à mon pays
natal avec toute la dévotion d'un vrai
pelerin , et j'ai été saisi de mille sentiment

mens inattendus. A ce grand tilleul qu'on
trouve à une demi-lieue endeça de la
ville après S... je fis arrêter, descendis
de voiture, et dis au postillon d'aller en
avant, pour cheminer moi-même à
pied, et goûter dans toute la sensibilité
de mon cœur toute la nouveauté, toute
la vivacité de chaque réminiscence. Je
m'arrêtai là, sous ce tilleul, qui avoit
été dans mon enfance le but et le terme
de mes promenades. Quelle différence !
Alors dans une heureuse ignorance, je
m'élançois, par le désir, dans ce monde
inconnu, où j'espérois trouver pour
mon cœur tout l'aliment, toute la jouis-
sance dont je sentois si souvent la privation. Maintenant je revenois de ce
monde.... O mon ami ! que d'espérance
déçues, que de plans renversés !....
J'avois devant les yeux cette chaîne de
montagnes, qui avoient été si souvent
l'objet de mes désirs. Je pouvois alors
rester là assis des heures entières; je me
transportois au-delà en idée; toute mon
ame se perdoit dans ces forêts, dans ces
vallées dont l'aspect riant s'offroit à mes
yeux dans la vapeur du lointain... Mais
lorsqu'il falloit me retirer à l'heure mar-
quée, avec quelle répugnance ne quit-
tois-je pas cet endroit charmant ! Je

Werther. II.   **C**

m'approchai davantage de la ville , je
saluai les jardins et les petites maisons
que je reconnoissois ; les nouvelles ne
me plurent point, non plus que tous les
changemens projetés pour les autres.
J'arrivai à la porte , et je me retrouvai
encore tout entier. Mon ami, je n'en-
trerai dans aucun détail : quelque charme qu'eût pour moi tout ce que je vis ,
il ne paroîtroit qu'uniforme .dans un
récit. J'avois résolu de prendre mon
logement sur la place, justement auprès
de notre ancienne maison. En y allant ,
je remarquai que l'école où une honnête
vieille nous rassembloit dans notre enfance, avoit été changée en une bouti-
que, je me rappelai l'inquiétude, les larmes, la mélancolie et les serremens de
cœur que j'avois essuyés dans ce trou.
Je ne faisois pas un pas qui ne fût remar-
quable ; un pèlerin de la terre - sainte
trouve moins d'endroits. de religieuse
mémoire , et son ame n'est peut-être
pas aussi remplie de saintes affections...
En un mot je descendis la rivière jusqu'à une certaine métairie où j'allois
aussi fort souvent autrefois, et qui étoit
un petit endroit où nous autres enfans
faisions des ricochets à qui mieux mieux.
Je me rappelle si bien comme je m'arrê.

tois quelquefois à regarder couler l'eau,
avec quelles singulières conjectures j'en
suivois le cours ; les idées merveilleuses
que je me faisois des régions où elle
parvenoit ; comme mon imagination se
trouvoit bientôt atterrée, quoique je
connusse bien que cette eau devoit aller
plus loin, puis plus loin encore, jusqu'à ce qu'enfin je perdois dans la con-
templation d'un éloignement inaccessi-
ble à la vue ! Vois-tu, mon ami, ce
sentiment est déchu des superbes anciens. Quand Ulysse parle de la mer
immense, de la terre infinie, cela n'est-
il pas plus vrai, plus proportionné à
l'homme, plus sensible, que quand un
écolier se croit aujourd'hui un prodige
de science, lorsqu'il peut répéter qu'elle
est ronde ?

Je suis actuellement à la maison de
chasse du prince. Encore peut-on vivre
avec cet homme-ci : c'est la vérité, la
simplicité même. Ce qui me fait de la
peine quelquefois, c'est qu'il parle souvent de chose qu'il ne sait que par oui-
dire, ou pour les avoir lues, et cela
dans le même point de vue qu'on les lui
a présentées.

Une chose encore, c'est qu'il fait plus
de cas de mon esprit que de mes talens,

que de ce cœur dont seul je fais vanité,
et qui est seul la source de tout, de
toute ma force, de mon bonheur et de
toute ma misère. Hélas ! ce que je sais,
chacun peut le savoir.... Mon cœur, je
l'ai seul.

~~~~~~~~~~~~~~~~~

LETTRE L.

Le 25 mai.

J'avois quelque chose en tête, dont
je ne voulois vous parler qu'après
coup ; mais puisqu'il n'en sera rien, je
puis vous le dire actuellement. Je voulois aller à la guerre. Ce projet m'a
tenu long-tems au cœur. C'a été le principal motif qui m'a engagé à suivre ici
le prince qui est général dans les ar-
mées de * * *. Je lui ai découvert mon
dessein dans une promenade ; il m'en a
détourné, et il y auroit eu plus de passion que de caprice à moi, de ne pas
me rendre à ses raisons.

~~~~~~~~~~~~~~~~~~~~~~~~~~~~~~~~~

LETTRE LI.

Le 11 juin.

Dis ce que tu voudras, je ne puis demeurer plus long-tems. Que faire ici ? je m'ennuie. Le prince me regarde comme son égal. Fort bien ; mais je ne suis point dans mon assiette. Et dans le fond, nous n'avons rien de commun ensemble. C'est un homme d'esprit, mais d'un esprit tout-à-fait ordinaire ; sa conversation ne m'amuse pas plus que la lecture d'un livre bien écrit. Je resterai encore une huitaine de jours, puis je recommencerai mes courses vagabondes. Ce que j'ai fait de mieux ici, c'a été de dessiner. Le prince sent, et il sentiroit encore davantage, s'il tenoit moins au ton scientifique, et s'il se renfermoit moins dans la *terminologie*. Maintes fois je serre les dents de dépit, lorsqu'avec une imagination échauffée, je le promène dans les champs de la nature et de l'art, et qu'il croit faire des merveilles, s'il peut mal-à-propos fourrer dans la conversation quelque terme technique.

C 3

~~~~~~~~~~~~~~~~~~~~~~~~~~~~~~~

LETTRE LII.

Le 18 juin.

Où je prétends aller ! Je te le dirai en
confidence. Il faut que je passe encore
quinze jours ici. Je me suis dit que je
voulois ensuite aller visiter les mines
de ****; mais dans le fond, il n'en est
rien; je ne veux que me rapprocher de
Lolotte, et voilà tout. Je ris de mon
propre cœur... et je fais ce qu'il veut.

~~~~~~~~~~~~~~~~~~~~~~~~~~~~~~~

LETTRE LIII.

Le 29 juillet.

Non ! c'est bien ! tout est bien ! Moi,
son époux ! O Dieu qui m'as donné le
jour, si tu m'avois préparé cette félicité, toute ma vie n'eût été qu'une adora-
tion continuelle ! Je ne veux point plaider.
Pardonne-moi ces larmes, pardonne-

moi mes inutiles desirs....... Elle,
mon épouse! Si j'avois serré dans mes
bras la plus aimable créature qui soit
sous le ciel... Un frisson court par-tout
mon corps, Guillaume, lorsqu'Albert
embrasse sa taille svelte et élégante.

Et cependant, le dirai-je? Pourquoi
non? Guillaume, elle eût été plus heureuse avec moi, qu'avec lui! Oh! ce
n'est point là l'homme capable de remplir tous les vœux de ce cœur, un
certain défaut de sensibilité, un défaut...
prends-le comme tu voudras, son cœur
ne sympathise pas avec... oh!... avec un
passage d'un livre charmant, où mon
cœur et celui de Lolotte sont d'intelli-
gence. En mille autres occasions, lorsqu'il arrive que le sentiment élève sa
voix dans nos cœurs, sur l'action d'un
tiers, ô Guillaume!... Il est vrai qu'il
l'aime de toute son ame, et un pareil
amour, que ne mérite-t-il pas?

Un importun m'a interrompu. Mes
larmes sont séchées. Je suis dissipé.
Adieu, cher ami.

C 4

LETTRE LIV.

Le 4 août.

Je ne suis pas le seul à plaindre. Tous les hommes sont frustrés de leurs espérances, trompés dans leur attente. J'ai visité ma bonne femme aux tilleuls. Son aîné courut au-devant de moi ; un cri de joie qu'il poussa, m'attira la mère, qui me parut fort abattue. Ses premiers mots furent : « Mon bon monsieur ! » hélas ! « mon Jean est mort. » C'étoit le plus jeune de ses garçons. Je gardois le silence. « Mon homme, dit-elle, est revenu de la Suisse, et n'a rien rapporté ; et sans quelques bonnes ames, il auroit été obligé d'aller mendier. La fièvre l'avoit pris en chemin. » Je ne pus rien lui dire ; je donnai quelques choses au petit ; elle me pria d'accepter quelques pommes, je le fis, et quittai ce lieu de triste mémoire.

LETTRE LV.

Le 19 août.

En un tour de main tout change avec moi. Quelquefois un rayon de vie vient m'offrir sa foible et consolante lumière, hélas! pour un seul instant! Quand je m'égare comme cela dans des songes, je ne puis me défendre de cette pensée : Quoi! si Albert venoit à mourir! tu pourrois... oui, elle pourroit... Je cours après ce fantôme, jusqu'à ce qu'il me conduise à des abimes sur le bord desquels je m'arrête, et recule en tremblant.

Quand je sors par cette porte, sur le chemin que je fis pour la première fois en voiture pour conduire Lolotte au bal, quelle différence! Tout, tout a passé. Pas un trait dans la nature, pas un seul battement d'artère qui me rappelle le sentiment que j'éprouvai alors. Il en est de moi comme d'un esprit, qui, revenant dans le château qu'il bâtit autrefois, lorsqu'il étoit un prince florissant, qu'il décora de tous les ornemens de la magnificence, et qu'il laissa en mourant à un fils plein d'espérance, le trouveroit brûlé et démoli.

C 5

~~~~~~~~~~~~~~~~~~~~~~

LETTRE LVI.

Le 3 septembre.

QUELQUEFOIS je ne puis comprendre comment un autre peut l'aimer, ose l'aimer, quand je l'aime si uniquement, si tendrement, si parfaitement ; quand je ne connois rien, ne sais rien, ne possède rien qu'elle.

~~~~~~~~~~~~~~~~~~~~~~

LETTRE LVII.

Le 6 septembre.

J'AI eu bien de la peine à me résoudre à quitter le petit frac bleu que j'avois, lorsque je dansai pour la première fois avec Lolotte ; mais il étoit déjà tout passé : aussi m'en suis-je fait faire un autre tout pareil au premier, collet et paremens ; la veste jaune de même, ainsi que le haut-de-chausse.

Cela ne me dédommagera pas tout-
à-fait. Je ne sais.... Je crois qu'avec
le tems il me deviendra aussi plus
cher.

LETTRE LVIII.

Le 15 avril.

On se donneroit au diable, Guillaume, quand on voit les chiens que
Dieu souffre sur la terre, et qui n'ont
aucune sensibilité pour le peu qu'il y
a encore qui vaille quelque chose. Tu
connois ces noyers, sous lesquels je me
suis assis avec Lolotte chez le curé de
S***; ces superbes noyers qui remplis-
soient mon ame du plus sensible plaisir
Quel charme ils donnoient à la cour d
presbytère! que les rameaux en étoien
frais et magnifiques! et jusqu'au souvenir des bonnes gens de curés qui les
avoient plantés depuis tant d'années.
Le maître d'école nous a dit bien souvent le nom de l'un d'eux, qu'il tenoi
de son grand-père. Ce doit avoir été u
galant-homme, et sa mémoire m'éto

C 6

toujours sacrée, lorsque j'étois sous ces
arbres. Oui, le maître d'école avoit
hier les larmes aux yeux, lorsque nous
parlions ensemble, sur ce qu'ils ont été
abattus.... Abattus !.... j'enrage ; et je
crois que j'assassinerois le chien qui m'a
donné le premier coup de hache.... Moi
qui serois homme à prendre le deuil,
si, ayant comme cela deux arbres dans
ma cour, j'en voyois un mourir de
vieillesse ; faut-il que je sois témoin de
cela ? Mon cher ami, il y a encore une
chose ! Quest ce que l'humanité ? tout
le village murmure, et j'espère que la
femme du curé verra à son beurre,
à ses œufs et à la confiance, la plaie
qu'elle a fait à l'endroit. Car c'est elle,
la femme du nouveau curé, (notre
vieillard est aussi décédé. Un squelette
toujours malade, et qui a grande raison
de ne prendre aucun intérêt au monde,
car personne n'en prend à elle. Une
sotte qui veut se donner pour savante,
qui se mêle d'examiner les canons, qui
travaille à la nouvelle réformation
morale et critique du christianisme,
et à qui les rêveries de Lavater font
hausser les épaules, dont la santé est
dérangée, et qui n'a en conséquence
aucune joie sur la terre. Aussi il n'y

avoit qu'une pareille créature qui pût
faire abattre mes arbres. Vois-tu, je
n'en puis pas revenir! Imagine-toi un
peu, les feuilles en tombant salissent sa
cour, et la rendent humide; les arbres
lui interceptent le jour; et quand les
noix sont *mûres*, les enfans y jettent
des pierres pour les abattre, et cela
affecte ses nerfs et la trouble dans ses
profondes méditations, lorsqu'elle pèse
et compare ensemble Kennikot, Semler
et Michaélis. Lorsque je vis les gens du
village, et sur-tout les anciens si mé-
contens, je leur dis: « Pourquoi l'avez-
» vous souffert »? Ils me répondirent;
« Quand le maire veut ici, que faire? »
Mais une chose me fait plaisir: le maire
et le curé, qui vouloit aussi tirer quelque profit des caprices de sa femme,
qui ne lui rendent pas sa soupe plus
grasse, convinrent de partager entr'eux,
lorsque la chambre des domaines inter-
vint, et leur dit : doucement! et vendit
les arbres aux plus offrans. Ils sont à
bas! Oh! si j'étois prince! je ferois à
la femme du curé, au maire et à la
chambre.... Prince!....oui, si j'étois
prince, que me feroient les arbres de
mon pays?

~~~~~~~~~~~~~~~~~~~~~~~~~~~~~~~

LETTRE LIX.

Le 10 octobre.

QUAND je vois seulement ses yeux noirs, je suis content! Hélas! ce qui me chagrine, c'est qu'Albert ne paroît pas aussi heureux qu'il.... l'espéroit.... que je... croyois... Si... Je ne coupe pas volontiers mes phrases : mais ici je ne saurois m'exprimer autrement.... Et il me semble que je parle assez clair.

~~~~~~~~~~~~~~~~~~~~~~~~~~~~~~~

LETTRE LX.

Le 12 octobre.

OSSIAN a pris le dessus dans mon cœur sur Homère. Quel monde que celui où cet auteur sublime me conduit! Errer dans les plaines retentissantes de toutes parts du bruit des vents orageux, qui amènent sur des nuages les esprits de ses pères à la foible lueur de la lune!

entendre de la montagne les débiles gé-
missemens que poussent les esprits du
fond de leurs cavernes, et qui se mêlent
aux rugissemens du torrent , et les la-
mentations que la jeune fille , morte dans
les angoisses , fait auprès de quatre pierres couvertes de mousse, et à demi-ca-
chées sous l'herbe , monument de la
chûte glorieuse de son bien-aimé! Lorsque je trouve ce Barde blanchi par les
années, errant, cherchant sur la vaste
étendue de la plaine, les traces de ses
pères, et rencontrant , hélas ! les pierres
qui couvrent leurs tombeaux ; lorsqu'il
tourne, en gémissant, ses yeux vers
l'étoile du soir, qui se cache dans les
flots roulans de la mer, et que l'ame
de ce héros sent revivre l'idée de ces
tems où son rayon propice éclairoit encore les périls des Vaillans , et où la
lune prêtoit sa lumière à leur vaisseau
décoré des palmes de la victoire : lorsque je lis sur son front sa profonde douleur , que je vois ce héros le dernier
de sa race , chanceler dans le plus triste
abattement sur la tombe ; comme la foible présence des ombres de ses pères
est pour lui une source où il puise sans
cesse la joie la plus douloureuse et la
plus ravissante ! Comme il fixe la terre

froide , et l'herbe qui la couvre , et s'é-
crie : « Le voyageur, qui m'a connu
dans ma beauté , viendra ; il viendra
et demandera où est le chantre, digne
fils de Fingal! Son pied foule en passant
ma sépulture, et il me demande en vain
sur la terre. » O mon ami ! je serois
homme à arracher l'épée de quelque
noble guerrier, à déliver tout d'un coup
mon prince du tourment d'une vie qui
n'est qu'une mort lente, et à envoyer
mon ame après ce demi‑dieu mis en liberté.

LETTRE LXI.

Le 19 octobre.

HÉLAS ! ce vuide, ce vuide affreux que
je sens dans mon sein ! Je pense souvent !
Si tu pouvois une fois , une seule fois la
presser contre ton cœur ! tout ce vuide
seroit rempli.

LETTRE LXII.

Le 26 octobre.

OUI, mon ami, je me confirme de plus
en plus dans l'idée que c'est peu de

chose ; bien peu de chose que l'existence
d'une créature. Une amie de Lolotte est
venue la voir ; je suis entré dans la chambre prochaine pour prendre un livre, et
ne pouvant pas lire, j'ai pris la plume.
J'ai entendu qu'elles parloient bas : elles
se contoient l'une à l'autre des choses
assez indifférentes, des nouvelles de la
ville ; comme celle-ci étoit mariée, celle-
là malade, fort malade. « Elle a une
toux sèche, disoit l'une, les joues en-
foncées, et il lui prend des foiblesses ;
je ne donnerois pas un sol de sa vie.
— Monsieur N. N. n'est pas en meilleur
état, disoit Lolotte. — « Il est enflé, »
reprenoit l'autre. Et mon imagination
vive me plaçoit d'abord au pied du lit
de ces malheureux ; je voyois avec
quelle répugnance ils tournoient le dos
à la vie, comme ils... Guillaume, mes
petites femmes parloient de cela comme
on parle d'ordinaire de la mort d'un
étranger... Quand je regarde autour de
moi, que j'examine la chambre, et que
je vois par-tout les hardes de Lolotte,
ici ses boucles d'oreilles sur la table,
là les écritures d'Albert, et ces meubles
avec lesquels je suis à présent aussi fa-
miliarisé qu'avec ce cornet, et que je
me dis en moi-même : « Vois ce que tu

es à cette maison ! Tout en tout. Honoré
de tes amis , tu fais souvent leur joie ,
et il semble à ton cœur qu'il ne pourroit
exister sans eux; cependant.... si tu
partois, si tu t'éloignois de ce cercle,
sentiroient-ils le vuide que ta perte cau-
seroit dans leur destinée; combien de
tems?.... » Hélas! l'homme est si périssable , que là même où il a proprement
la certitude de son existence , là où il
peut laisser la seule vraie impression de
sa présence dans la memoire , dans l'ame
de ses amis , il doit s'effacer et dispa-
roître ; et cela... sitôt...

~~~~~~~~~~~~~~~~~~~~~~~~~~~

LETTRE LXIII.

Le 27 octobre.

Je me déchirerois le sein , je me brû-
lerois la cervelle , quand je vois combien
peu les hommes trouvent de ressources
les uns dans les autres. Hélas! un autre
ne me donnera jamais l'amour, la joie ,
la chaleur, la volupté que je n'ai pas
par moi-même; et avec un cœur comblé
de félicité , je ne rendrai plus heureux un mortel froid et privé de toute
consolation.

~~~~~~~~~~~~~~~~~~~~~~~~~~~~~~~~

LETTRE LXIV.

Le 3o octobre.

Si je n'ai pas été cent fois sur le point
de lui sauter au col !... Dieu sait ce qu'il
en coûte de voir tant de charmes passer
et repasser devant vous, sans que vous
osiez y porter la main ! Et cependant le
penchant naturel de, l'humanité nous
porte à prendre. Les enfans ne tâchent-
ils pas de saisir tout ce qu'ils apperçoi-
vent ? Et moi !...

~~~~~~~~~~~~~~~~~~~~~~~~~~~~~~~~

LETTRE LXV.

Le 3 novembre.

Dieu sait combien de fois je me mets
au lit avec le désir, que dis-je ? dans
l'espérance de ne plus m'éveiller ; et le
matin j'ouvre les yeux, je revois le
soleil, et je suis misérable. Oh! que ne
puis je être lunatique ! que ne puis-je

m'en prendre au tems , à un tiers , à
une entreprise manquée! Alors le fardeau accablant de mon chagrin ne por-
teroit qu'à demi sur moi. Malheureux
que je suis! je ne sens que trop que
toute la faute en est à moi seul. —
Non pas la faute! Il suffit que je porte
cachée dans mon sein la source de toutes
mes misères , comme j'y portois autrefois la source de toutes les béatitudes.
Ne suis-je donc plus ce même homme
qui nageoit autrefois dans toute la plé-
nitude du sentiment, qui voyoit naître
un paradis à chaque pas, et qui avoit
un cœur capable d'embrasser dans son
amour un monde entier ? Et maintenant
ce cœur est mort ! Il n'en naît plus aucun ravissement; mes yeux sont secs;
et mes sens, qui ne sont plus réjouis
par des larmes rafraîchissantes, sillon-
nent mon front des rides de la douleur.
Je souffre beaucoup , car j'ai perdu
tout ce qui faisoit seul la joie, le bonheur de ma vie ; cette source divine et
vivifiante avec laquelle je créois des
mondes autour de moi. Elle est passée...
Lorsque de ma fenêtre je regarde au
loin la colline ; que je vois comme le
soleil, perçant le brouillard, la dore ae
ses rayons et éclaire les tranquilles plai-

nes, tandis que la rivière coule vers
moi en serpentant à travers les saules
dépouillés de leurs feuilles ; lorsque je
vois cette nature superbe ne m'offrir
qu'une image froide et grossière, que
toute mon imagination ne peut plus pui-
ser dans mon cœur une seule goutte de
félicité : l'homme tout entier repose devant Dieu comme une source tarie et
desséchée. Combien de fois ne me suis-je
pas prosterné à terre, pour demander
a Dieu des larmes, comme un labou-
reur demande de la pluie, lorsqu'il voit
sur sa tête un ciel d'airain, et que la
terre se consume de soif autour de lui.

Mais, hélas! je le sens, Dieu n'ac-
corde point la pluie et le beau-tems à
nos prières importunes ; et ces tems,
dont le souvenir me tourmente, pourquoi étoient-ils si heureux, sinon parce
que j'attendois son esprit avec patience,
et que je recevois la joie qu'il versoit
sur moi, avec un cœur pénétré de la
plus vive reconnoissance ?

~~~~~~~~~~~~~~~~~~~~~~~~~~~~~~

LETTRE LXVI.

Le 8 novembre.

ELLE m'a reproché mes excès, hélas!
d'un ton si doux! mes excès en ce que
d'un verre de vin, je me laisse quelquefois entraîner à boire la bouteille. « Evi-
tez cela me disoit-elle; pensez à Lolotte! » — « Penser! avez-vous besoin
de me l'ordonner? Je pense! je ne pense
point! Vous êtes toujours présente à
mon ame. J'étois assis aujourd'hui à l'endroit même où vous descendites dernièrement de voiture. » Elle s'est mise à
parler d'autre chose pour m'empêcher
de m'enfoncer trop avant dans cette ma-
tière. Je ne suis plus mon maître, cher
ami! Elle fait de moi tout ce qu'elle veut.

~~~~~~~~~~~~~~~~~~~~~~~~~~~~~~

LETTRE LXVII.

Le 15 novembre.

JE te remercie, Guillaume, du tendre
intérêt que tu prends à moi, de la bonne
intention qui perce dans ton conseil, et
je te prie de rester tranquille. Laisse-
moi supporter toute la crise : malgré

l'abattement où je suis, j'ai encore assez
de force pour aller jusqu'au bout. Je
respecte la religion ; tu le sais ; je sens
que c'est un bâton pour celui qui tombe
de lassitude ; un rafraîchissement pour
celui que la soif consume. Seulement...
peut-elle, doit-elle être la même pour
tous ? Considère ce vaste univers : tu
vois des milliers d'hommes pour qui elle
ne le sera jamais, soit qu'elle leur ait été
annoncée, ou non ; faut-il donc qu'elle
le soit pour moi ? Le fils de Dieu ne dit-il
pas lui-même : Ceux que mon père m'a
donnés seront avec moi ? Si donc je ne
lui ai pas été donné ; si le père veut me
reserver pour lui, comme mon cœur me
le dit, de grace ne vas pas donner à
cela une fausse interprétention, et trouver un sens ironique dans ces mots
innocens ; c'est mon ame toute entière
que j'expose devant toi. Autrement,
j'eusse aimé mieux me taire, puisque je
n'aime point à parler en l'air sur tout
sujet dont personne n'est mieux instruit
que moi. Et n'est-ce pas le sort de
l'homme, de fournir la carrière de ses
maux, et de boire sa coupe toute entière ?
Mais si lorsque le Dieu du ciel porta le
calice à ses lèvres humaines, il lui sembla trop amer, pourquoi voudrois-je

affecter plus de courage, et feindre de
le trouver doux ? Et pourquoi aurois je
honte, à l'instant terrible où tout mon
être frémit entre l'existence et le néant ;
où le passé brille comme un éclair sur
le sombre abîme de l'avenir ; où tout ce
qui m'environne s'écroule ; où le monde
périt avec moi ? N'est ce pas là la voix
de la créature accablée, défaillante,
s'abîmant sans ressource au milieu des
vains efforts qu'elle fait pour exprimer
son désespoir ? Mon Dieu ! mon Dieu !
Pourquoi m'avez-vous abandonné ?
Pourrois-je rougir de cette expression ?
pourrois-je redouter ce moment, quand
celui dont la main fait rouler les cieux
n'a pu l'éviter ?

LETTRE LXVIII.

Le 21 novembre.

Elle ne voit pas, elle ne sent pas
qu'elle prépare le poison qui nous fera
périr tous les deux. Et j'avale avec la
plus parfaite volupté la coupe où elle
me présente la mort ! Que veut dire cet
air de bonté avec lequel elle me regarde
souvent ? (souvent ? non, mais quelquefois) :

quefois) : cette complaisance avec laquelle elle reçoit une expression pro-
duite par un sentiment dont je ne suis
pas le maître ; cette compassion à mes
souffrances, qui se peint sur son front ?

Comme je me retirois hier, elle me
tendit la main, et me dit : « Adieu,
cher Werther. » Cher Werther ! C'est
la première fois qu'elle m'ait donné le
nom de cher, et la joie que j'en ressen-
tis a pénétré jusques dans mes os. Je
me le répétai cent fois ; et le soir, lorsque je voulus me mettre au lit, en ba-
billant tout seul, je me dis tout-à coup :
« Bonne nuit, cher Werther. » Et je ne
pus ensuite m'empêcher de rire de moi-
même.

LETTRE LXIX.

Le 24 novembre.

ELLE sent ce que je souffre. Son
regard m'a pénétré aujourd'hui jusqu'au
fond du cœur. Je l'ai trouvée seule.
Je ne disois rien, et elle me regardoit
fixement. Je ne voyois plus en elle cette

beauté touchante, ces éclairs de génie ;
tout cela étoit évanoui à mes yeux. Un
regard plus puissant agissoit sur moi,
regard plein de l'expression du plus
tendre intérêt, de la plus douce pitié.
Pourquoi n'ai-je pas osé me jeter
à ses pieds ? Pourquoi n'ai-je pas osé
l'embrasser, et lui répondre par mille
baisers ? elle a eu recours à son clavecin, et s'est accompagnée des airs har-
monieux qu'elle a chantés à demi-voix,
mais d'une voix si douce! Jamais ses lèvres
ne m'ont paru si ravissantes : on eût dit
qu'elles s'ouvroient pour recevoir les sons
mélodieux à mesure qu'ils naissoient de
l'instrument ; et que sa bouche charmante
n'en étoit que l'echo. Ah ! si je pouvois
te dire cela comme je le sentois ! Je
n'ai pu y tenir plus long-tems ; je me
suis incliné, et j'ai dit avec serment :
« Jamais je ne me hasarderai à vous
imprimer un baiser, ô lèvres sur les-
quelles planent les esprits du ciels... » Et
cependant.... Je veux.... Hélas ! C'est
comme un mur de séparation qui s'est
élévé devant mon ame.... Cette béatitu-
de.... Et puis quand on est mort, expier
ses péchés !.... Péchés !

~~~~~~~~~~~~~~~~

LETTRE LXX.

Le 30 novembre.

Non, jamais, jamais je ne puis revenir à moi : par-tout où je vais , je rencontre quelque apparition qui me met hors de moi même. Aujourd'hui ! ô destin ! ô humanité !

Je vais sur les bords de l'eau à l'heure du midi ; je n'avois aucune envie de manger. Tout étoit désert, un vent d'ouest, froid et humide , souffloit de la montagne, et des nuages gris et pluvieux couvroient la vallée. J'apperçois de loin un homme vêtu d'un méchant juste-au-corps vert, qui marchoit courbé entre les rochers , et paroissoit chercher des simples. Je me suis approché de lui, et le bruit que j'ai fait en arrivant l'ayant fait retourner , j'ai vu une physionomie tout-à-fait intéressante, dont une morne tristesse faisoit le principal trait, mais qui pourtant n'annonçoit rien qu'une ame droite et honnête. Ses cheveux étoient relevés

D 2

en deux boucles avec des épingles , et
ceux de derrière formoient une tresse
fort épaisse qui lui descendoit sur le
dos. Comme son habillement annonçoit
un homme du commun, j'ai cru qu'il
ne prendroit pas mal que je fisse attention à ce qu'il faisoit, et , en conséquence, je lui ai demandé ce qu'il
cherchoit. « Je cherche des fleurs, a-t il
répondu avec un profond soupir, et je
n'en trouve point. » — Aussi n'est-ce
pas là la saison , lui ai-je dit en riant.
— Il y a tant de fleurs, a-t-il reparti en
descendant vers moi. Il y a dans mon
jardin des roses et des lilas de deux
sortes. L'une m'a été donnée par mon
père ; elle poussoit comme de l'ivraie ,
voilà déjà deux jours que je les cherche
sans pouvoir les trouver. Et même ici
dehors il y a toujours des fleurs , des
jaunes , des bleues , des rouges , et la
centaurée a aussi une jolie petite fleur.
Je n'en puis trouver aucune. » J'ai
remarqué en lui un certain air hagard ;
et prenant un détour, je lui ai demandé
ce qu'il vouloit faire de ces fleurs ? Un
souris singulier et convulsif a contracté
les traits de sa figure. Si vous voulez
ne point me trahir, a-t-il dit en ap-
puyant un doit sur sa bouche, je vous

dirai que j'ai promis un bouquet à ma
belle. — C'est fort bien. — Ah! elle
a bien d'autres choses ! elle est riche.
— Et pourtant elle fait grand cas de
votre bouquet. — Oh! elle a des joyaux
et une couronne. — Comment l'appe-
lez-vous donc ? — Si les états-généraux
vouloient me payer, je serois un autre
homme ! Oui, il fut un tems où j'étois
si content ! Aujourd'hui c'en est fait
pour moi, je suis..... Un regard humide qu'il a lancé vers le ciel a tout
exprimé. « Vous étiez donc heureux ?—
Ah ! je voudrois bien l'être encore de
même ! j'étois content, gai et gaillard
comme le poisson dans l'eau. — « Henri !
a crié une vieille femme qui venoit sur
le chemin; Henri ! où es-tu fourré ?
Nous t'avons cherché par-tout. Viens
diner. » — Est-ce là votre fils ? lui ai-je
demandé en m'approchant d'elle ? « Oui,
c'est mon pauvre fils, a-t-elle répondu.
Dieu m'a donné une croix lourde. —
Combien y a-t-il qu'il est dans cet état ?
— Il n'y a que six mois qu'il est ainsi
tranquille. Je rends graces à Dieu que
cela n'ait pas été plus loin. Auparavant,
il a été dans une frénésie qui a duré
une année entière ? et pour lors il étoit
à la chaîne dans l'hôpital des fous. A

D 5

présent il ne fait rien à personne. Seulement il est toujours occupé de rois et
d'empereurs. C'étoit un homme doux et
tranquille, qui m'aidoit à me nourrir,
et qui avoit une fort belle main pour
l'écriture. Tout d'un coup il devint rê-
veur, tombe malade d'une fièvre chau-
de, de là dans le délire, et maintenant
il est dans l'état où vous le voyez. S'il
falloit vous raconter, Monsieur..... ».
J'ai arrêté le torrent de sa narration,
en lui demandant quel étoit ce tems
dont il faisoit si grand récit, et où il se
trouvoit si heureux et si content? « Le
pauvre insensé, m'a-t-elle dit avec un
souris de pitié, veut parler du tems où
il étoit hors de lui ; il ne cesse d'en faire
l'éloge. C'est le tems qu'il a passé aux
petites-maisons, et où il n'avoit aucune
connoissance de lui-même. » Cela a fait
sur moi l'effet d'un coup de tonnerre ;
je lui ai mis une pièce d'argent dans la
main et me suis éloigné d'elle à grand
pas.

« Où tu étois heureux ! me suis-je
écrié, en marchant vite vers la ville,
où tu étois content comme un poisson
dans l'eau ! Dieu du ciel as-tu donc
ordonné la destinée des hommes, de
manière qu'il ne soient heureux qu'avant

d'arriver à l'âge de la raison, et après qu'ils l'ont perdue! Misérable! Et pendant que je porte envie à ta folie, à ce désastre de tes sens, dans lequel tu te consumes, tu sors plein d'espérance, pour cueillir des fleurs à ta reine... au milieu de l'hiver... et tu t'affliges de n'en point trouver, et tu ne conçois pas pourquoi tu n'en trouves point. Et moi... et moi, je sors sans espérance, sans aucun but, et je rentre au logis comme j'en suis sorti.. Tu te figures quel homme tu serois, si les états-généraux vouloient te payer! Heureuse créature qui peut attribuer la privation de ton bonheur à un obstacle terrestre! Tu ne sens pas! tu ne sens pas que c'est dans le trouble de ton cœur, dans ton cerveau détraqué que gît ta misère, dont tous les rois de la terre ne sauroient te délivrer. »

Puisse celui-là mourir dans le désespoir qui se rit d'un malade qui fait un long voyage pour aller chercher des eaux minérales éloignées, qui augmenteront sa maladie et rendront la fin de sa vie plus douloureuse! qui s'élève au-dessus de cet homme dont le cœur est serré par des remords, et qui, pour s'en délivrer et mettre fin aux souffrances de son ame, entreprend le voyage du

Saint-Sépulcre ! Chaque pas que son
pied trace sur le chemin raboteux, est
un trait de consolation pour son ame
oppressée, et à chaque jour de marche,
il se couche le cœur soulagé d'une partie du fardeau qui l'accable.... Et vous
osez appeler cela rêveries, vous autres
bavards, qui couchez mollement sur des
coussins ! Rêveries !.... O Dieu tu vois
mes larmes.... Falloit-il, après avoir
formé l'homme si pauvre, lui donner
des frères qui le pillent encore dans sa
pauvreté, et lui dérobent ce peu de
confiance qu'il a en toi, en toi qui chéris toutes les créatures ! En effet, sa
confiance en une racine salutaire, dans
les pleurs de la vigne, qu'est-ce, sinon
la confiance en toi, qui a mis dans tout
ce qui nous environne, la guérison et le
soulagement dont nous avons besoin à
toute heure ? O père que je ne connois
pas, père qui remplissois autrefois toute
mon ame, et qui as depuis détourné ta
face de dessus moi ! appelle-moi vers toi !
ne garde pas plus long-tems le silence ;
mon ame altérée ne pourra le soutenir...
Et un homme, un père pourroit-il s'ir-
riter de voir son fils, qu'il n'attendoit
pas, lui sauter au col, en s'écriant :
« Me voici revenu, mon père ; ne vous

fâchez point si j'interromps un voyage
que je devois supporter plus long-tems
pour vous obéir. Le monde est le même
par-tout ; par-tout peine et travail,
récompense et plaisir ; mais que me fait
tout cela ? Je ne suis bien qu'où vous
êtes ; je veux souffrir et jouir en votre
présence... Et toi, cher père céleste,
pourrois-tu repousser ton fils ? »

LETTRE LXXI.

Le 1 décembre.

GUILLAUME ! cet homme dont je t'ai
écrit, cet heureux infortuné étoit com-
mis chez le père de Lolotte ; et une mal-
heureuse passion qu'il conçut pour elle,
qu'il nourrit en secret, qu'il lui décou-
vrit enfin, et qui le fit renvoyer de sa
place, la rendu fou. Sens, si tu peux,
sens par ces mots pleins de sécheresse,
quelle fureur a excité en moi cette
histoire, lorsqu'Albert me l'a conté
avec autant de sang-froid que tu la lis
peut-être.

~~~~~~~~~~~~~~~~~~~~~~~~~~~

LETTRE LXXII.

Je te prie... vois-tu, c'est fait de moi...
Je ne saurois supporter tout cela plus
long-tems. J'étois assis, elle jouoit dif-
férens airs sur son clavecin, avec toute
l'expression ! tout, tout !... que dirai-
je ? Sa petite sœur paroît sa poupée sur
mon genou. Les larmes me sont venues
aux yeux. Je me suis baissé, et j'ai apperçu
son anneau de mariage : mes pleurs ont
coulé..... Et tout-à-coup elle a passé à
cet air ancien, dont la douceur a quelque chose de céleste ; tout de suite, et
j'ai senti mon ame pénétrée d'un sentiment de consolation, et du souvenir de
tout le passé, de tous les momens où
j'avois entendu cet air, de tous les tristes
intervalles remplis par la douleur, de
toutes mes espérances trompées, et
alors... j'allois et venois par la chambre;
tout étoit un fardeau sous lequel mon
cœur étoit étouffé. « Au nom de Dieu,
lui ai-je dit avec l'expression la plus

vive , au nom de Dieu , finissez ». Elle
a cessé , et m'a regardé attentivement.
« Werther , m'a-t-elle dit avec un
souris qui a pénétré mon ame ! Werther,
vous êtes bien malade , vos mets favoris
vous répugnent. Allez! de grace calmez-
vous ». Je me suis arraché d'auprès
d'elle , et.... Dieu ! tu vois ma misère,
et tu y mettras fin.

~~~~~~~~~~~~~~~~~~~

LETTRE LXXIII.

Le 6 décembre.

Comme cette image me poursuit! Soit
que je veille , ou que je rêve , elle remplit toute mon ame. Là, quand je ferme
les yeux ; là, dans mon front où se réu-
nit la force visuelle, je trouve ses yeux
noirs ; là... je ne puis te l'exprimer. Je
n'ai qu'à fermer les yeux , les siens sont
là ; ils reposent comme une mer, comme
un abîme devant moi, en moi ; ils rem-
plissent toutes les facultés de mon cerveau.

Qu'est-ce que l'homme , ce demi-dieu
si vanté ? ses forces mêmes ne l'aban-

donnent-elles pas, lorsqu'il en a le plus
grand besoin? Et lorsqu'il prend l'essor
dans la joie, ou qu'il s'enfonce dans la
tristesse, ne se sent-il pas arrêté dans
ces deux extrêmes? ne se voit-il pas
rappellé au sentiment froid et émoussé
de son existence, quand il desiroit se
perdre dans l'océan de l'infini?

~~~~~~~~~~~~~~~~~~~~~~

LETTRE LXXIV.

Le 8 décembre.

Cher Guillaume! je suis dans un état
où devroient être ces malheureux qu'on
croyoit obsédés par un malin esprit.
Cela me prend bien souvent. Ce n'est
point une angoise, ce n'est point un
desir; c'est une fureur inconnue qui
m'agite intérieurement, qui me menace
de déchirer mon sein, qui me serre la
gorge! Malheur à moi! malheur à moi!
Je m'égare au milieu des scènes noctur-
nes et effrayantes qu'offre cette saison
ennemie des hommes.

Hier la nuit, il me fallut sortir. J'avois
oui dire le soir que la rivière et tous les

ruisseaux.

ruisseaux s'étoient débordés, et que depuis Wahleim, toute ma chère vallée
étoit inondée. Voir les ravines sablo-
neuses rouler au clair de la lune du haut
du rocher, sur les champs et les prés,
et les haies, et tout; la vallée couverte,
dans toute son étendue, d'une mer agi-
tée par la bruyante haleine des vents.
Et quand la lune paroissoit et reposoit
sur les noirs nuages, et que les torrens
rouloient avec bruit en réfléchissant son
image imposante et majestueuse; alors
je me sentois saisi d'horreur; puis bientôt un desir..... Hélas! je me tenois
debout, les bras étendus devant l'abîme; et je respirois en regardant en bas,
et je me perdois dans la joie indicible
que j'aurois eue à me précipiter pour
terminer mes tourmens et mes souffrances, à m'élancer, à bruire comme les
flots. Hélas! tu n'eus pas la force de
lever le pied et de finir tous mes maux...
Mon sablier n'est pas encore à sa fin....
Je le sens! O Guillaume! que je me
serois dépouillé volontiers de toute ma
dignité d'homme, pour pouvoir, avec ce
vent impétueux, déchirer les nuages et
saisir toute la surface des ondes! Hélas!
prisonniers que nous sommes, ce plaisir
ne sera-t-il jamais notre partage?

Et comme je regardois tristement en

Werther. I.   E

bas, vers un petit endroit où je m'étois
reposé sous un saule avec Lolotte,
après nous être promenés par une grande
chaleur, je vis qu'il étoit aussi inondé,
et je reconnus à peine le saule, Guillaume. « Et ses prés, disois-je en moi-
même, et tous les environs de la maison
de chasse, comme le torrent doit avoir
arraché, détruit nos berceaux! » Le
rayon du passé brilla dans mon ame.....
comme un prisonnier qui rêve de trou-
peaux, de prairies, de charges. J'étois...
je ne me blâme point, car j'ai le courage de mourir... J'aurois.. je suis assis,
semblable à une vieille femme qui ra-
masse du bois autour des haies, et qui
demande son pain de porte en porte,
pour prolonger encore un moment, et
alléger sa triste et défaillante existence.

~~~~~~~~~~~~~~~~~~~~~~~~~~~~~~~

LETTRE LXXV.

Le 17 décembre.

Qu'est-ce, mon cher ami? je suis
effrayé de moi-même. L'amour que j'ai
pour elle n'est-il pas l'amour le plus
saint, le plus pure, le plus fraternel ?
Ai-je jamais senti dans mon ame un

désir coupable?... Je ne veux point
jurer... A présent.... songes ! Oh! que
ceux-là sentoient bien justes, qui attri-
buoient ces effets opposés à des forces
étrangères! Cette nuit... je tremble de
te le dire... je la tenois dans mes bras
étroitement serrée contre mon sein, et
je couvrois sa belle bouche, sa bouche
balbutiante d'un million de baisers. Mon
œil nageoit dans l'ivresse du sien. Dieu !
seroit-ce un crime que le bonheur que
je goûte encore à me rappeler avec toute
la sensibilité possible ces plaisirs vifs et
brûlans? Lolotte, Lolotte !... C'est fait
de moi! mes sens se troublent, mes yeux
sont remplis de larmes. Je ne suis bien
nulle part, et je suis bien partout. Je ne
souhaite rien, ne desire rien. Il vaudroit
mieux que je partisse.

L'ÉDITEUR AU LECTEUR.

Pour continuer l'histoire des derniers jours remarquables de notre ami, je me trouve obligé d'interrompre ses lettres par un récit dont je tiens les matériaux de la bouche même de Lolotte, d'Albert, de son domestique, et d'autres témoins.

La passion de Werther avoit peu-à-peu troublé la paix entre Albert et son épouse ; celui-ci l'aimoit avec cette fidélité tranquille d'un honnête homme, et le commerce de douceur et d'amitié dans lequel il vivoit avec elle, devint insensiblement subordonné à ses affaires. A la vérité, il ne vouloit pas s'avouer la grande différence qu'il y avoit entre les jours qu'il passoit alors, et ceux qui avoient précédé son mariage ; cependant il sentoit en lui - même un certain mécontentement des attentions de Werther pour Lolotte ; attention qui devoient en effet lui paroître une entreprise sur ses droits, et une sorte de reproche tacite. Cela augmentoit la mauvaise humeur que lui causoient souvent la multiplicité, l'embarras de ses affaires, ainsi que le peu de fruit qu'il

en tiroit ; et comme la situation de
Werther en faisoit un compagnon assez
triste, depuis que les tourmens de son
cœur avoient consumé le reste des forces de son esprit, sa vivacité, sa pénétration, Lolotte ne pouvoit manquer
d'être attaquée de la même maladie ;
elle tomba dans une espèce de mélancolie, où Albert crut découvrir une
passion naissante pour son amant, et
Werther une profonde douleur du
changement qu'elle remarquoit dans la
conduite de son mari. La défiance qui
régnoit entre les deux amis, leur ren-
doit réciproquement leur présence à
charge. Albert évitoit d'entrer dans la
chambre de sa femme lorsque Werther
étoit avec elle ; et celui-ci qui s'en étoit
apperçu, après des efforts inutiles pour
s'absenter tout-à-fait, saisissoit l'occa-
sion de la voir aux heures où son mari
étoit retenu par ses affaires. De-là nouveau sujet de mécontentement ; les esprits s'aigrirent de plus en plus, jusqu'à ce qu'enfin Albert dit à sa femme,
en termes assez secs, qu'elle devroit,
au moins pour le monde, donner une
autre tournure à son commerce avec
Werther, et le prier de supprimer ses
visites trop fréquentes.

A-peu-près dans le même-tems, la

E 3

résolution de sortir de ce monde s'étoit
gravée plus profondément dans l'ame
du malheureux jeune homme. C'étoit
l'idée favorite dont il s'étoit toujours
entretenu, sur-tout depuis qu'il s'étoit
rapproché de Lolotte.

Mais ce ne devoit pas être une action
précipitée et inconsidérée; c'étoit un
pas qu'il vouloit faire avec la persua-
sion la plus intime, et dans la plus
tranquille résolution.

Ses doutes, son combat avec lui-même,
se voient dans un petit billet qui est vraisemblablement le commencement d'une
lettre à Guillaume, et qui a été trouvé,
sans date, parmi ses papiers.

« Sa présence, sa destinée, l'intérêt
qu'elle prend à la mienne, expriment encore les dernières larmes de mon cerveau.

» Lever le rideau, et passer derrière,
voilà tout ! Pourquoi donc balancer,
pourquoi trembler ?.. Est-ce parce qu'on
ignore ce que qu'il y a là derrière ?......
parce qu'on n'en revient point ?......
et que c'est le propre de notre esprit
de se figurer le trouble et les ténèbres
dans un état dont nous ne savons rien
de certain ? »

Il ne pouvoit oublier la mortification
qu'il avoit essuyée dans l'ambassade. Il
en parloit rarement; mais quand cela

arrivoit, même de la manière la plus
indirecte, on s'appercevoit aisément
qu'il la regardoit comme une tache ineffaçable pour son honneur, et que cet ac-
cident lui avoit inspiré de l'aversion
pour toutes les affaires et les occupa-
tions politiques. De-là il se livra tout
entier à cette manière singulière de
sentir et de penser, que nous voyons
dans ses lettres, et à une passion sans
fin, qui détruisit encore ce qui lui res-
toit de force et d'activité. Le commerce
toujours uniforme, toujours triste, qu'il
entretenoit avec la créature aimable et
aimée, dont il troubloit le repos, l'agitation tumultueuse de ses facultés sans
but, sans perspective, le poussèrent
enfin à cette action horrible.

LETTRE LXXVI.

Le 20 décembre.

« GRAND merci, Guillaume, à ton
amitié, qui t'a si bien fait trouver le mot.
Oui, tu as raison, il vaudroit mieux
pour moi que je partisse. La proposition
que tu me fais de retourner vers vous,
n'est pas tout-à-fait de mon goût : au

E 4

moins je voudrois faire encore un détour
sur-tout à cause de la gelée continuelle
et du beau chemin que nous pouvons
espérer. Je suis aussi très-content de
ton dessein de venir me chercher; ac-
corde-moi encore quinze jours; et attends encore une lettre de moi avec les
arrangemens ultérieurs. Il ne faut pas
cueillir le fruit avant qu'il soit mur, et
quinze jours de plus ou de moins font
beaucoup. Quant à ma mère, dis-lui
qu'elle prie pour son fils, et que je lui
demande pardon de tous les chagrins
que je lui ai causés. C'étoit mon sort de
faire le tourment des personnes dont je
devois faire la joie. Adieu, mon cher
ami. Que le Ciel répande sur toi toutes
ses bénédictions! adieu. »

Ce même jour, qui étoit le dimanche
avant Noël, il alla voir Lolotte sur le
soir, et il la trouva seule. Elle étoit occupée à mettre en ordre quelques jouets
qu'elle destinoit à ses frères et sœurs,
pour présent de Noël. Il parla du plaisir
qu'auroient les enfans, et des tems où
l'ouverture inattendue d'une porte ı),

_____

(1) C'est l'usage, en Allemagne, d'enfermer,
la veille de Noël, un arbre chargé de petits cierges, de bonbons, etc. dans une fausse armoire,
qu'on ouvre à l'instant où l'on s'y attend le moins,
pour donner aux enfans le plaisir de la surprise.

et l'apparition d'un arbre décoré de cierges, de sucreries et de pommes, causent les plus grands ravissemens. « Vous aurez aussi votre présent, » lui dit Lolotte en cachant son inquiétude sous un agréable sourire; « vous aurez, si vous êtes sage, une bougie roulée, et encore quelque chose. — Qu'entendez-vous par être sage, s'écria-t-il? comment faut-il que je sois? comment dois je être aimable, Lolotte? — C'est, dit-elle, jeudi au soir la veille de Noël; les enfans viendront, ainsi que mon père, et chacun aura le sien. Vous viendrez aussi; mais pas plutôt. Werther fut saisi. Je vous en prie, continua-t-elle, c'est une chose résolue; je vous en prie au nom de mon repos, cela ne peut pas durer ainsi. » Il détourna les yeux, se mit à marcher par la chambre en murmurant entre ses dents : Cela ne peut pas durer ainsi ! Lolotte, qui sentoit l'affreuse situation où ces mots l'avoient jeté, tâcha, par mille questions différentes, de faire diversion à ses idées. « Non, Lolotte, s'écria-t-il; je ne vous verrai plus. » — « Pourquoi cela, Werther ? vous pouvez nous revoir, vous le devez même; modérez-vous seulement! Oh ! pourquoi faut-il que vous soyez né avec cette véhémence, avec cette passion

E 5

qui vous attache invinciblement à tout
ce dont vous vous êtes une fois frappé?
De grace, continua-t-elle en lui prenant la main, modérez-vous! Quelle
source d'amusemens divers ne vous of-
frent pas votre esprit, votre savoir,
vos talens! Soyez homme ; défaites-
vous de ce funeste attachement pour
une créature qui ne peut rien que vous
plaindre. » Il grinça les dents en la regardant d'un œil sombre. Elle tenoit sa
main. « Un moment de sang-froid, lui
dit-elle, Werther. Ne sentez-vous pas
que vous vous trompez , que vous vous
perdez volontairement? Pourquoi donc,
moi, Werther, moi, qu'un autre possède! C'est justement cela! Je crains,
je crains que ce ne soit cette impossibi-
lité de me posséder qui donne tant d'attrait à ce desir ». Il retira sa main de
celle de Lolotte, en la regardant d'un
air fixe et mécontent. « Sage, dit-il,
très-sage! Albert auroit-il par hazard
fait cette remarque ? — Politique, fort
politique? chacun peut la faire, répon-
dit-elle. Et n'y auroit-il pas dans le monde
une personne capable de remplir les
desirs de votre cœur? Prenez cela sur
vous ; cherchez-la, et je vous jure que
vous la trouverez. Et vraiment je suis
fâchée pour vous de voir la solitude

dans laquelle vous vous êtes relégué depuis quelques tems. Gagnez cela sur
vous ; un voyage vous dissipera , et il
faut que vous le fassiez. Cherchez ,
trouvez un objet digne de toute votre
tendresse , puis revenez ; et jouissons
ensemble du bonheur d'une vraie amitié. »

« L'on pourroit faire imprimer cela ,
dit-il en riant froidement , et le recom-
mander à tout ce qu'il y a de pédago-
gues. Chère Lolotte ! laissez-moi encore un peu de tranquillité , tout cela
se fera. » — « Accordez-moi seulement
une chose , Werther ; c'est de ne point
venir avant la veille de Noël. » Il vouloit lui répondre lorsqu'Albert entra.
Ils se souhaitèrent le bon soir avec un
froid de glace , et se mirent à marcher
l'un à côté de l'autre d'un air embar-
rassé ; Werther commença un discours
qui ne signifioit rien , et qu'il termina
bientôt. Albert, de son côté, interro-
gea son épouse sur plusieurs choses
dont il l'avoit chargée; et sur ce qu'il ap-
prit qu'elles n'étoient pas encore faites ,
il lui lâcha quelques mots assez piquans ,
dont Werther se sentit percer le cœur.
Il vouloit sortir, et ne le put ; il ba-
lança ainsi jusqu'à huit heures , et pendant tout ce tems-là , leur tristesse , et

E 6

la mauvaise humeur où ils étoient l'on contre l'autre, s'aigrirent de plus en plus ; enfin le couvert se trouva mis ; alors Werther prit sa canne et son chapeau, et Albert, le reconduisant, lui demanda d'un ton sec s'il ne vouloit pas rester à souper ?

Il retourna chez lui, prit la lumière des mains de son garçon qui vouloit l'éclairer, entra seul dans sa chambre, pleura, gémit ; se parla à lui-même avec emportement, marcha quelques tems à grands pas, et finit par se jeter tout habillé sur son lit, où il se trouva lorsque son domestique, prit sur lui d'entrer sur les onze heures, pour lui demander s'il ne vouloit pas qu'il lui tirât ses bottes. Il y consentit, et lui dit de ne point entrer dans sa chambre qu'il ne l'appelât.

Le lundi matin, 21 décembre. il écrivit à Lolotte la lettre suivante, qu'on trouva après sa mort, toute cachetée sur son bureau, qu'on lui remit, et que je donnerai ici par paragraphe, selon l'ordre où les circonstances semblent indiquer qu'elle a été composée :

« C'est une chose résolue, Lolotte, je veux mourir, et je te l'écris de sang froid. sans être transporté d'une fureur romanesque, le matin du jour où je te verrai

pour la dernière fois. A l'instant où tu
liras ceci, ma chère, le froid tombeau
recélera les restes engourdis du malheureux qui ne connoît point pour ses derniers momens de plus grande douceur
que de s'entretenir avec toi. O nuit affreuse ! ô nuit bienfaisante que j'ai passée ! C'est cette nuit qui a fixé mon in-
certitude, qui m'a affermi dans ma résolution : je veux mourir. Lorsque je m'ar-
rachai hier d'auprès de toi, comme mon
cœur étoit serré ! comme je me sentis
saisi d'un froid mortel dans l'idée des
tristes momens que je passe auprès de
toi sans espérance ! J'eus à peine assez
de forces pour arriver jusqu'à ma chambre ; je me jetai à genoux tout hors de
moi ; ô Dieu tu m'accordas pour dernière
consolation les larmes les plus amères ;
mille desseins, mille projets furieux
s'entrechoquèrent dans mon ame, et se
terminèrent enfin à cette seule et dernière pensée : je veux mourir. Je me
couchai ; et le matin dans tout le calme
du réveil, je trouvai encore dans mon
cœur cette résolution ferme et inébran-
lable : je veux mourir !... Ce n'est point
désespoir, c'est la certitude que j'ai fini
ma carrière, et que je me sacrifie pour
toi. Oui, Lolotte, pourquoi te le cacher?
Il faut que l'un de nous trois périsse,

et je veux que ce soit moi. O ma chère !
une idée furieuse s'est insinuée dans
mon cœur déchiré , souvent.... de tuer
ton époux !..... toi !... moi !... Ainsi soit-
il , donc ! Lorsque sur le soir d'un beau
jour d'été tu graviras la montagne, pense
à moi alors , et souviens-toi combien de
fois je parcourus cette vallée ; regarde
de-là vers le cimetière , et que ton œil
voie comme le vent berce l'herbe élevée
qui environne ma tombe éclairée par les
derniers rayons du soleil. J'étois calme en
commençant, et maintenant ces images
m'affectent avec tant de force que je
pleure comme un enfant ».

Sur les dix heures , Werther appela
son domestique , et comme il se faisoit
habiller , il lui dit qu'il alloit faire un
voyage de quelques jours , et qu'il
n'avoit qu'à nettoyer ses habits et pré-
parer tout pour faire ses paquets ; il lui
ordonna aussi de chercher par-tout les
mémoires , de rapporter quelques livres
qu'il avoit prêtés , et de payer deux mois
d'avances à quelques pauvres à qui il
avoit coutume de donner quelque chose
toutes les semaines.

Il se fit apporter à manger dans sa
chambre ; et après qu'il eût dîné , il alla
chez le bailli , qu'il ne trouva pas à la
maison. Il se promena dans le jardin d'un

air pensif: il sembloit qu'il voulût ras-
sembler en foule tous les souvenirs capa-
bles d'augmenter sa tristesse.

Les enfans ne le laissèrent pas long-
tems en repos. Il coururent à lui en
sautant, et lui dirent que quand demain,
et encore demain, et puis encore un
jour seroit venu, ils recevroient de
Lolotte leur présent de Noël ; et la-
dessus, ils lui étalèrent toutes les merveilles que leur petite imagination leur
promettoit. « Demain, s'écria-t-il, et
encore demain, et puis encore un jour » !
Il les baisa tous tendrement, et alloit les
quitter, lorsque le plus jeune voulut
lui dire encore quelque chose à l'oreille.
Il lui dit en confidence que ses grands
frères avoient écrit de beaux complimens
du jour de l'an ; qu'ils étoient longs ;
qu'il y en avoit un pour le papa, un
pour Albert et Lolotte, et un aussi pour
M. Werther, qu'ils vouloient les présen-
ter le matin du jour de l'an.

Cela le transporta ; il leur donna à
tous quelque chose, monta à cheval les
chargea de faire ses complimens, et
partit les larmes aux yeux.

Vers les cinq heures, il retourna au
logis, recommanda à la servante d'avoir
soin du feu et de l'entretenir jusqu'à la
nuit. Il dit au domestique de mettre au

fond du coffre des livres et du linge
blanc, et de coudre les habits. Alors
il écrivit vraisemblablement le paragraphe qui suit de sa dernière lettre
à Lolotte.

« Tu ne m'attends pas. Tu crois que
j'obéirai, et que je ne te verrai que la
veille de Noël. O Lolotte! aujourd'hui,
ou jamais! La veille de Noël tu tiendras
ce papier dans ta main, tu frémiras, et
tu le mouilleras de tes larmes; je le veux,
il le faut! Oh! que je suis content d'avoir
pris mon parti! »

Sur les six heures et demie, il se
rendit chez Albert, et trouva Lolotte
seule, qui fut fort effrayée de sa visite.
Tout en causant avec son mari, elle lui
avoit dit que Werther ne viendroit
point avant la veille de Noël; là-dessus
il avoit sur-le-champ fait sceller son
cheval, avoit pris congé d'elle, en
lui disant qu'il alloit chez un intendant
du voisinage, avec lequel il avoit une
affaire à terminer; et il étoit parti en
dépit du mauvais tems Lolotte qui savoit
qu'il avoit différé depuis long-tems cette
affaire parce qu'elle devoit le retenir
une nuit absent, ne comprit que trop
bien le motif de ce délai, et elle en fut
affligée dans son cœur. Elle étoit assise
dans sa solitude, son cœur s'attendrit;

elle regardoit le passé , elle sentoit tout
son mérite , tout l'amour qu'elle avoit
pour son époux, qui, au lieu du bonheur
qu'il lui avoit promis, commençoit à
faire le malheur de sa vie. Ses pensées
se tournèrent sur Werther. Elle le blâ-
moit , et ne pouvoit le haïr. Un charme secret le lui avoit de plus en plus
rendu cher depuis le commencement de
leur connoissance; et après un si long-
tems , après toutes les situations où ils
avoient vécu ensemble , l'impression
qu'il avoit faite sur son cœur , devoit
être ineffaçable. Enfin, son cœur oppressé se soulagea par des larmes , et
passa à une tranquille mélancolie , où
elle se perdoit de plus en plus. Mais
comme son cœur battit lorsqu'elle entendit Werther monter l'escalier et la
demander! Il n'étoit plus tems de faire
dire qu'elle n'y étoit pas , et elle ne
put se remettre qu'à demi de son trouble,
lorsqu'il entra dans la chambre. « Vous
n'avez point tenu parole, » lui dit-elle
d'abord! Sa réponse fut qu'il n'avoit rien
promis. — « Vous auriez dû au moins
m'accorder ma demande ; je ne l'avois
faite que pour le repos de l'un et de
l'autre. En lui disant cela , elle avoit résolu en elle-même de faire prier quel-
ques-unes de ses amies de la venir voir.

Elles devoient être témoins de son entretien avec Werther, et elle espéroit
être le soir, de bonne heure, quitte de
sa visite, puisqu'il seroit obligé de les
reconduire chez elles. Il lui rapportoit
quelques livres : elle lui en demanda
d'autres ; elle tâchoit de soutenir la conversation sur un ton général, jusqu'à
l'arrivée de ses amies, lorsque la servante revint, et lui dit qu'elles s'excu-
soient toutes deux ; l'une, sur ce qu'elle
avoit une visite importante de parens ,
et l'autre sur ce qu'elle ne se soucioit pas
de s'habiller et de sortir par le mauvais
tems.

Elle resta rêveuse pendant quelques
minutes, jusqu'à ce que le sentiment de
son innocence s'élevât avec un noble orgueil. Elle brava les soupçons d'Albert ;
et la pureté de son cœur lui donna tant
de confiance qu'elle n'appela point la
servante, comme elle l'avoit d'abord pro-
jeté ; mais après avoir joué quelques me-
nuets sur son clavecin, pour se remettre,
elle s'assit d'un air tranquille sur le ca-
napé, auprès de Werther. — « N'avez-
vous rien à lire ? lui dit-elle. — Rien. —
J'ai là dans un tiroir votre traduction
de quelques chants d'Ossian ; je ne l'ai
point encore lue, parce que j'attendois
toujours d'en entendre la lecture de vo-

tre bouche ; mais depuis quelque tems ,
vous n'êtes plus bon à rien. » Il sourit ,
alla prendre ses chants, et sentit un fré-
missement en y portant la main : ses
yeux se remplirent de larmes lorsqu'il
ouvrit le cahier ; il se rassit et lut (1).

Un torrent de larmes , qui coula des
yeux de Lolotte, et qui soulagea son
cœur oppressé , arrêta le chant de
Werther ; il jeta là le papier , lui prit
une main , et versa les pleurs les plus
amers. Lolotte étoit appuyée sur l'autre,
et se couvroient les yeux de son mou-
choir ; leur agitation à l'un et à l'autre
étoit effrayante. Ils sentoient leur propre misère dans la destinée de ces héros;
ils la sentoient ensemble, et leurs larmes se confondoient. Les lèvres et les
yeux de Werther se collèrent avec feu
sur les bras de Lolotte ; elle en frémit,
elle vouloit s'éloigner, et l'excès de la
douleur , le tendre intérêt qu'elle pre-
noit à cette situation , l'accabloient
comme un fardeau. Elle respira quelques momens pour se remettre, et le
pria en sanglottant de continuer ; elle

---

(1) Il y a ici plusieurs morceaux d'Ossian ,
que je n'ai pas cru devoir traduire par respect
pour cet Auteur , et parce que d'ailleurs ils ne
feroient qu'interrompre le fil de l'histoire.

le pria d'une voix céleste. Werther
trembloit; il sembloit que son cœur
voulût s'ouvrir un passage; il ramassa
le cahier, et lut d'une voix entre-
coupée :

« Pourquoi m'éveilles-tu, souffle du
printems ? Tu me caresses, et dis :
Je suis chargé de la rosée du ciel , mais
le tems approche où je dois me flétrir ;
l'orage qui doit abattre mes feuilles,
est proche. Demain viendra le voyageur, le voyageur qui m'a vu dans ma
beauté; son œil me cherchera par-tout
dans la campagne , et il ne me trouvera
point. »

Le malheureux se sentit accablé de
toute la force de ces mots ; il se ren-
versa devant Lolotte dans le dernier
désespoir. Il lui prit les mains qu'il
pressa contre ses yeux , contre son
front; il sembla à Lolotte qu'il lui passoit dans l'ame un pressentiment du
projet affreux qu'il avoit formé. Ses sens
se troublèrent, elle lui serra les mains,
les pressa contre son sein ; elle se pen-
cha vers lui avec attendrissement et
leurs joues brûlantes se touchèrent.
L'univers s'anéantit pour eux : Il la prit
dans ses bras, la serra contre son cœur,
et couvrit ses lèvres tremblantes et bai-
butiantes de baisers furieux. « Wer-

ther ! » cria-t-elle d'une voix étouffée,
et en se retournant : « Werther ! » Et
d'une main foible elle tâchoit de l'écar-
ter de son sein. « Werther ! » lui dit-
elle de ce ton qui exprime le plus noble
sentiment. Il ne put y tenir : il la laissa
aller dans ses bras, et se jetta à terre
devant elle comme un forcené. Elle
s'arracha de lui, et toute troublée,
tremblante entre l'amour et la colère,
elle lui dit : « Voilà la dernière fois,
Werther ! vous ne me verrez plus. »
Puis jetant sur le malheureux un regard
plein d'amour, elle courut dans la
chambre prochaine et si enferma. Werther lui tendoit les bras, et n'eut pas
la hardiesse de la retenir. Il étoit étendu
par terre, la tête appuyée sur le cana-
pé, et il demeura plus d'une demi heure
dans cette posture, jusqu'à ce qu'un
bruit qu'il entendit, le rappela à lui
même. C'étoit la fille qui venoit mettre
le couvert. Il alloit et venoit dans la
chambre, et lorsqu'il se vit seul, il
s'approcha de la porte du cabinet, et
dit à voix basse : « Lolotte ! Lolotte !
encore un mot seulement, « un adieu »
Il garda le silence, il attendit, il pria,
puis attendit encore; enfin il s'arracha
de là en criant : « Adieu, Lolotte! adieu
pour jamais ! »

Il se rendit à la porte de la ville. Les gardes qui étoient accoutumés à le voir, le laissèrent passer sans lui rien dire. Il tomboit de la neige fondue. Il ne rentra que vers les onze heures. Lorsqu'il revint à la maison, le domestique remarqua qu'il n'avoit point son chapeau ; il n'osa l'en faire appercevoir : il le déshabilla ; tout étoit mouillé. On a trouvé ensuite son chapeau sur un rocher situé sur le penchant de la montagne, et qui commande la vallée. Il est incompréhensible comment il put, par une nuit obscure et humide, y monter sans se précipiter.

Il se coucha et dormit long-tems. Le lendemain matin, son domestique qu'il appela, le trouva à écrire, lorsqu'il lui apporta son café. Il écrivit ce qui suit de sa lettre à Lolotte :

« C'est donc pour la dernière fois, pour la dernière fois que j'ouvre ces yeux ; ils ne doivent plus revoir la lumière ; un jour sombre et nébuleux les couvre. Sois donc en deuil, ô nature ! ton fils, ton ami, ton bien-aimé s'approche de sa fin. Lolotte, c'est un sentiment qui n'a point de pareil, et qui pourtant approche le plus du vague, de la vapeur incertaine d'un songe, que de se dire : Ce matin est le dernier ! Je

dernier, Lolotte! je n'ai aucune idée
de ce mot, le dernier! Ne suis-je pas
là dans toute ma force? et demain,
couché, étendu, endormi sur la terre!
Mourir! qu'est-ce que cela signifie?
Vois-tu; nous rêvons quand nous par-
lons de la mort. J'ai vu mourir plusieurs
personnes, mais l'humanité est si bor-
née, qu'elle n'a aucun sentiment du
commencement et de la fin de son existence. Actuellement encore, tout à moi,
à toi! à toi! ma chère; et un moment
de plus..... séparés.... désunis.... peut-
être pour jamais! Non, Lolotte, non.
Comment puis-je être anéanti? Nous
sommes, oui... s'anéantir!.... Qu'ets-ce
que cela signifie? C'est encore un mot,
un vain son qui ne porte aucun sentiment à mon cœur..... Mort, Lolotte!
enseveli dans un coin de la terre froide,
si étroit, si obscur! J'eus une amie qui
étoit tout pour moi dans l'abondance
de ma jeunesse. Elle mourut, je suivis
le convoi, et me tint auprès de la fosse.
Comme ils descendirent le cerceuil!
comme les cordes ronfloient à mesure
qu'ils les laissoient couler, et qu'ils les
tiroient! comme la première pelletée de
terre tomba par mottes sur ce coffre
funèbre qui rendit un bruit sourd, puis
plus sourd, et plus sourd encore, jusqu'à ce qu'enfin il se trouva entièrement

couvert ! Je tombai auprès de la fosse ,
saisi, agité , oppressé, les entrailles dé-
chirées ; mais je ne savois ce que j'étois,
ce que je serois. Mourir ! sépulcre ! Je
n'entends point ces mots !

« Oh ! pardonne-moi ! pardonne-moi
Hier ! ç'auroit dû être le dernier moment de ma vie. O ange ! ce fut pour la
première fois, oui, pour la première
fois, que ce sentiment d'une joie sans
borne pénétra tout entier, et sans aucun mélange de doute, dans mon ame :
elle m'aime ! elle m'aime ! Mes lèvres
sont encore brûlées de ce feu sacré dont
les tiennes les ont inondées ; une nouvelle joie consume mon cœur. Pardonne-
moi ! pardonne-moi !

« Ah ! je le savois bien , que j'étois
aimé ! Tes premiers regards , ces regards pleins d'ame, ton premier serre-
ment de main me l'apprirent ; et cependant, lorsque je quittois , ou que je
voyois Albert à tes côtés , je retombois
dans mes doutes rongeurs.

« Te souvient-il de ces fleurs que tu me
donnois dans cette fatale assemblée où tu
ne pus me dire un seul mot , ni me pré-
senter la main ? Hélas ! je restai la moi-
tié de la nuit à genoux devant ces
fleurs, et elles furent pour moi le sceau
de ton amour. Mais, hélas ! ces impression

sions se sont effacées, comme on voit
insensiblement s'effacer dans le cœur du
chrétien le sentiment de la grace de son
Dieu, que le ciel lui offrit avec profusion
sous des signes sacrés et manifestes.

« Tout cela est périssable; mais l'éter-
nité même ne pourra point détruire la vie
brulante dont je jouis hier sur tes lèvres
et que je sens en moi. Elle m'aime! ce
bras l'a pressé! ces lèvres! ont trem-
blees sur ses lèvres! cette bouche a bal-
butié sur la sienne! Elle est à moi! Tu
es à moi! oui, Lolotte, pour jamais!

« Qu'importe, qu'Albert soit ton mari?
Mari!... Ce titre seroit seulement pour
ce monde... Et pour ce monde, le péché,
que je commets en t'aimant, en desirant
de t'arracher, si je pouvois de ses bras
dans les miens? Péché! soit! Eh bien,
je m'en punis: je l'ai savouré, ce péché,
dans le transport de la plus douce volupté; j'ai sucré le baume de la vie, et
versé la force dans mon cœur; de ce
moment tu es à moi, à moi, ô Lolotte!
Je pars devant. Je vais rejoindre mon
père, ton père; je me plaindrai devant
lui; il me consolera jusqu'à ton arrivée;
alors je vole à ta rencontre, je te saisis
et demeure uni à toi, en présence de
l'Éternel, dans des embrassemens qui
ne finiront jamais.

Werther. II.   F

« Je ne rêve point, je ne suis point dans le délire. L'approche du tombeau fut pour moi une nouvelle lumière. Nous serons, nous nous reverrons ! Nous verrons ta mère ! je la verrai, je la trouverai, hélas ! et je lui exposerai tout mon cœur. Ta mère..... ta parfaite image.... »

Vers les onze heures, Werther demanda à son domestique si Albert n'étoit pas de retour. Il lui dit que oui, qu'il avoit vu passer son cheval. Là dessus Werther lui donna un petit billet non cacheté, qui contenoit ces mots.

« Voudriez-vous bien me prêter vos pistolets pour un voyage que je médite ? Portez-vous bien. »

La chère femme avoit peu dormi la nuit dernière, son pouls étoit élevé, et mille sentimens divers agitoient son cœur. Elle sentoit malgré elle, au fond de son sein le feu des embrassemens de Werther; et en même-tems les jours de sa tranquille innocence, de cette confiance exempte de tous soins, se présentoient à elle avec plus de charmes ; il lui sembloit voir d'avance les regards de son mari, elle l'entendoit l'interroger d'un ton demi-triste et demi ironique au moment où il apprendroit la visite de Werther. Elle n'avoit jamais dissimulé, jamais menti,

et pour la première fois elle s'y voyoit
inévitablement contrainte ; la répugnance, l'embarras qu'elle en ressentoit;
aggravoit sa faute à ses yeux, et cependant elle ne pouvoit ni haïr celui qui
en étoit l'auteur, ni se promettre de
ne le plus voir. Elle pleura jusques vers
le matin, où elle tomba de fatigue dans un
foible assoupissement. A peine s'étoit-elle
éveillée et habillée, que son mari revint.
Sa présence, pour la première fois, lui
parut insupportable; car la crainte où elle
étoit qu'il ne découvrît dans ses yeux
et à son air qu'elle avoit veillée et pleurée
toute la nuit, augmentoit encore son
trouble ; elle le reçut avec un embras-
sement empressé, qui exprimoit plutôt
son agitation et son repentir, qu'un transport de joie. Par-là elle excite l'attention
d'Albert. Celui-ci, après avoir décacheté
plusieurs lettres, et ouvert quelques paquets, lui demanda d'un ton le plus sec,
s'il n'y avoit pas autre chose et s'il n'étoit
venu personne ? « Werther, lui répon-
dit-elle en hésitant, vint hier, et passa
une heure ici. » Il prend bien son tems,
dit Albert; puis il se retira dans sa
chambre. Lolotte étoit restée seule un
quart-d'heure. La présence d'un époux
qu'elle aimoit, et pour qui elle avoit
de l'estime, avoit fait dans son cœur

F 2

une nouvelle impression. Elle se rap-
peloit toute sa bonté, la noblesse de ses
sentimens, son amour; et elle s'accusoit
de l'avoir si mal récompensé. Une voix
secrète lui disoit de le suivre. Elle prit
son ouvrage, comme elle avoit déjà fait
plusieurs fois, entra dans sa chambre,
et lui demanda s'il avoit besoin de quelque chose. Il lui répondit : non ! se mit
à son bureau pour écrire, et elle s'assit,
et se mit à tricoter. Ils passèrent ainsi
une demi-heure ensemble; et comme Albert se levoit de tems en tems pour aller
et venir par la chambre, et que sans répondre que peu ou point du tout à ce que
Lolotte pouvoit lui dire, il se remettoit
à sa table : elle tomba dans une tristesse
qui l'affectoit d'autant plus, qu'elle tâchoit de la cacher et de dévorer ses larmes.

L'apparition du domestique de Werther la jeta dans le plus grand embarras.
Il présenta le billet à Albert, qui, se retournant froidement vers sa femme, lui
dit : « Donnez-lui les pistolets... Je lui
souhaite un bon voyage », dit-il au
garçon. Ces mots furent pour elle comme un coup de tonnerre. Elle se leva en
chancelant; elle ne savoit où elle étoit.
Elle s'approcha lentement de la muraille; et les prit en tremblant; elle en ôtoit
la poussière, hésitoit à les donner, et

auroit différé plus long-tems , si Albert
ne l'eût pressée , en lui disant d'un ton
expressif : « Qu'attendez-vous » ? Elle
donna l'arme funeste au domestique ,
sans avoir la force de proférer un seul
mot, et dès qu'il fut sorti , elle replia son
ouvrage, et se retira dans un état de
souffrance inexprimable. Son cœur lui
présageoit tout ce qu'il y a de plus affreux. Tantôt elle étoit sur le point de se
jeter aux pieds de son mari , de lui découvrir tout, l'histoire du soir précédent, sa
faute et son pressentiment. Bientôt après
elle ne voyoit plus à quoi aboutiroit une
pareille démarche. Elle pouvoit au moins
espérer de persuader son mari d'aller après
Werther. On mit le couvert , et une voi-
sine qui n'étoit venue que pour demander quelque chose, et que Lolotte retint
à dîner , rendit le repas insupportable.
On se contraignit, on parla , on conta ,
on s'oublia.

Le domestique arriva chez Werther
avec les pistolets. Il les prit avec transport, lorsqu'on lui dit que c'étoit Lolotte
qui les avoit donnés. Il se fit apporter un
pain et du vin , dit au laquais d'aller dîner : et se mit à écrire.

« Ils ont passé par tes mains, tu en as
ôté la poussière, je les baise mille fois ;
tu les a touchés. Esprit du ciel, tu favo-

F 5

rise ma résolusion! Et toi, Lolotte, tu me
fournis l'instrument ; toi des mains de qui
je souhaitois recevoir la mort, et la reçois
en effet. Oh! j'ai interrogé mon domestique ; tu as tremblé en les lui présen-
tant, tu ne m'as fait dire nul adieu......
Malheur ! malheur !...... Nul adieu.....
Pourrois- tu m'avoir fermé ton cœur , à
cause de ce moment qui m'a uni à toi
pour jamais ? Lolotte, c'est une impression qu'un siècles de siècles ne pourra
effacer ! et je le sens, tu ne sauras haïr
celui qui brûle ainsi pour toi. »

Après dîner , il ordonna au domestique d'achever les paquets ; il déchira
divers papiers , sortit, et mit encore
quelques petites affaires en ordre. Il
revient à la maison , sortit encore devant la porte, et alla, malgré la pluie ,
dans le jardin du comte. Il erra dans les
environs, rentra sur la brune, et écrivit :

« Guillaume, j'ai vu pour la dernière
fois les champs , la forêt et le ciel.
Adieu, chère mère! pardonne-moi.
Console-la , Guillaume. Que Dieu vous
bénisse. Toutes mes affaires sont en
ordre. Adieu! Nous nous verrons de
nouveau et plus joyeux.

« Je t'ai mal payé de retour, Albert,
et tu me le pardonnes. J'ai troublé la
paix de ton ménage ; j'ai porté la dé-

fiance parmi vous. Adieu, je veux y
mettre fin. Oh! puisse ma mort vous
rendre heureux! Albert! Albert! fais
que cet ange soit heureux; et puisse ainsi
la bénédiction du ciel reposer sur toi! »

Il fit encore le soir plusieurs recher-
ches dans ses papiers, en déchira beaucoup qu'il jeta dans le poële, cacheta
quelques paquets adressés à Guillaume :
Ils contenoient des petits mémoires,
quelques pensées détachées, que j'ai
vues en parties ; et sur les dix heures,
après avoir donné ordre qu'on mit du
bois au poële, et s'être fait apporter une
demi-bouteille de vin, il envoya coucher
son domestique, dont la chambre ainsi
que celle où couchoient les gens de la
maison, étoit fort éloignée sur le derrière. Le laquais se mit au lit tout habillé pour être prêt de bonne heure ; car
son maître avoit dit que les chevaux de
poste seroient devant la porte avant
six heures.

LETTRE LXXVI.

A onze heures passées.

« TOUT est calme autour de moi, et
mon ame est si tranquille! Je te remercie, ô mon Dieu, de m'accorder cette
chaleur, cette force dans ces derniers
momens.

« Je m'approche de la fenêtre, ma
chère, et je vois encore quelques étoiles
dans ce ciel éternel, briller isolées au
travers de nuages orageux qui fuient par-
dessus ma tête. Non! vous ne tomberez
point! l'Éternel vous portent, ainsi que
moi, dans son sein. J'ai vu les étoiles
qui forment le timon du chariot, la plus
belle des constellations. Quand je te
quittois la nuit, quand je sortois de ta
porte, il étoit là vis-à-vis! Avec qu'elle
ivresse ne l'ai-je pas souvent contemplé! Combien de fois n'ai-je pas élevé
mes mains vers cette constellation, et
n'en ai-je pas fait le signe, le monument
sacré de mon bonheur actuel! et même...
O Lolotte! qu'est-ce qui ne me rappelle
pas ton souvenir? Ne suis-je pas envi-
ronné de toi, et n'ai-je pas; comme
un enfant, dérobé mille bagatelles inutiles de toute espèce, que tes mains
saintes avoient touchées?

« Cher portrait, Lolotte je t'en fais
un legs, et te conjure de l'honorer. J'y
ai imprimé mille, mille baisers; mille
fois mes yeux l'ont salué, lorsque je sortois ou que je rentrois dans ma chambre.

« J'ai prié ton père dans un billet,
d'avoir soin de mon corps. Il y a au fond
du cimetière, dans le coin du côté des
champs, deux tilleuls, c'est là que je
souhaite de reposer. Il fera cela pour

son ami, il le peut. Prie-le-aussi. Je ne
veux point exiger des bons chrétiens
qu'ils déposent leurs corps à côté d'un
pauvre malheureux. Hélas ! je voudrois
que vous m'enterrassiez sur le chemin ,
où dans la vallée solitaire, que le prêtre,
le lévite, passassent et se signassent en
en voyant la pierre qui indiqueroit l'endroit de ma sépulture , et que le samari-
tain y répandît quelques larmes.

« O Lolotte ! je prends d'une main
ferme et assurée ce calice froid et effrayant, où je dois boire le vertige de
la mort. Tu me le présentes , et je le
reçois sans trembler. Tous mes vœux ,
toutes les espérances de ma vie sont
remplis ! Frapper avec ce sang-froid ,
cet engourdissement à la porte d'airain
du trépas ! Que n'ai-je pu participer ,
Lolotte, au plaisir de mourir pour toi !
Je mourrois de grand cœur, je mourrois
joyeux, si je pouvois te rendre le repos,
le bonheur de ta vie. Mais , hélas ! il
n'a été donné qu'à quelques héros de
verser leur sang pour les leurs , et de
donner par leur mort , à leurs amis, une
vie nouvelle et centuplée.

« Je veux , Lolotte, être enterré dans
ces mêmes habits. Tu les as touchés,
sanctifiés. Je l'ai aussi demandé à ton
père. Mon ame plane sur le cercueil. On

ne doit point chercher dans mes poches,
ce nœud de rubans couleur de rose, que
tu avois la première fois que je te vis au
milieu de tes enfans. Oh ! baise-les mille
fois , et conte-leur la destinée de leur
malheureux ami. Les chers enfans , ils
s'empressoient autour de moi ! Ah !
comme je m'étois attaché à toi ! Depuis
le premier moment , il me fut impossi-
ble de te quitter. Ce nœud de rubans, je
veux qu'il soit enterré avec moi. Tu m'en
fis présent le jour de ma naissance !
Comme j'engloutissois tout cela !.........
Hélas ! je ne pensois guère que cette route
me conduiroit où je suis !.... Sois tranquille , je t'en conjure, sois tranquille....
 « Ils sont charg's.... minuit sonne !...
Ainsi soit il, donc.... Lolotte ! Lolotte !
adieu ! adieu ! »

Un voisin vit la lumière de la poudre,
et entendit l'explosion ; mais tout étant
demeuré tranquille , il ne s'en mit pas
plus en peine.

Le lendemain , sur les six heures, le domestique entre dans la chambre avec de la
lumière : il trouve son maître étendu par
terre, le pistolet, le sang ; il l'appelle, le
prend ; point de réponse ; seulement il râ-
loit encore. Il court chez le médecin, chez
Albert. Lolotte entend tirer la sonnette :
un tremblement s'empare de tous ses

membres : elle éveille son mari, ils se lè-
vent : le domestique désolé leur apprend
la nouvelle en bégayant : Lolotte tombe
évanouie aux pieds d'Albert.

Lorsque le médecin arriva, il trouva
le malheureux à terre dans un état dé-
sespéré ; le pouls battoit, tous les membres étoient perclus ; il s'étoit tiré au-
dessus de l'œil droit ; la cervelle avoit
sauté. On le saigna du bras, le sang vint ;
il respiroit encore.

Au sang, à l'accottoir de sa chaise, on
pouvoit juger qu'il avoit fait le coup assis devant sa table à écrire. De-là il
avoit glissé à terre, s'étoit roulé autour
de sa chaise par un mouvement convulsif : et lorsque ses forces avoient été
épuisées, il étoit resté auprès de la fenêtre, étendu sur le dos. Il étoit tout habillé, et tout botté, en frac bleu et en
veste jaune.

La maison, le voisinage, la ville ac-
courut en tumulte. Albert entra. On
avoit mis Werther sur le lit, il avoit le
front bandé ; la mort étoit déjà peinte
sur son visage ; il ne remuoit aucun de
ses membres ; ses poumons râloient encore d'une manière effrayante, tantôt
doucement, tantôt plus fort, on attendoit que sa fin.

Il n'avoit bu qu'un verre de son vin.

Emille Galotti (1) étoit ouvert sur le bureau.

Souffrez que je passe sous silence le trouble d'Albert, et la désolation de Lolotte.

Ce vieux bailli n'eut pas plutôt appris la nouvelle, qu'il vint à toute bride, et baisa le mourant en pleurant à chaudes larmes. Les plus âgés de ses fils vinrent bientôt après lui à pied. Ils tombèrent auprès du lit dans l'expression de la plus vive douleur ; ils lui baisoient les mains et la bouche ; et le grand qui avoit toujours eu la première place dans son amitié, resta collé sur ses lèvres jusqu'à ce qu'il fût expiré, et il fallut employer la violence pour l'en arracher. Il mourut à midi. La présence et les ordres du bailli prévinrent le tumulte. Le soir, sur les onze heures, il le fit enterrer dans l'endroit qu'il s'étoit choisi. Le vieillard accompagné de ses fils, suivit le convoi. Albert n'en eut pas la force. On craignit pour la vie de Lolotte. Il fut porté par des ouvriers. Aucun ecclésiastique ne le suivit.

_____

(1) Tragédie allemande de Lessing, fort estimée. —

F I N.